HEYNE‹

Wilma Pause, Jahrgang 1975, ist Lehrerin an einer Gesamtschule in der deutschen Provinz. Sie unterrichtet die Fächer
Deutsch und Geschichte in der Mittel- und Oberstufe. Trotz aller
in ihrem Buch beschriebenen Erlebnisse ist sie immer noch gerne
Lehrerin – nicht wegen der Eltern, sondern wegen deren Kinder.

WILMA PAUSE

Zu Hause
ist Kevin
ganz anders

Eltern und andere Tiefpunkte
aus dem Alltag einer Lehrerin

WILHELM HEYNE VERLAG
MÜNCHEN

Verlagsgruppe Random House FSC® N001967
Das für dieses Buch verwendete
FSC®-zertifizierte Papier *Holmen Book Cream*
liefert Holmen Paper, Hallstavik, Schweden.

Originalausgabe 12/2013

Copyright © 2013 by Wilhelm Heyne Verlag, München,
in der Verlagsgruppe Random House GmbH
Printed in Germany 2013
Redaktion: Andrea Kunstmann, München
Umschlaggestaltung und Motiv:
Hauptmann & Kompanie Werbeagentur, Zürich, Dominic Wilhelm
Satz: C. Schaber Datentechnik, Wels
Druck und Bindung: GGP Media GmbH, Pößneck

ISBN: 978-3-453-60285-4

www.heyne.de

Inhalt

Ein paar Erklärungen vorweg

Guten Tag. Mein Name ist Wilma Pause, und ich bin Alkoholikerin.

Quatsch – stimmt nicht. Mein Name ist Wilma Pause, und ich bin Lehrerin, so muss es heißen. Manchmal habe ich jedoch den Eindruck, dass das Bekenntnis, Lehrer zu sein, mindestens genauso viel Abscheu hervorruft wie ein Alkoholiker, der seine Krankheit gesteht. Es ist mir schon häufig passiert, dass Menschen mich außerhalb der Schule etwas irritiert, vielleicht sogar ungläubig ansahen, wenn sie meinen Beruf erfuhren. Es ist heutzutage ganz und gar nicht schick, Lehrer zu sein. Im Gegenteil: Viele erwachsene Menschen, die auf irgendeine andere Weise ihr Geld verdienen, halten Lehrer generell für eine recht minderwertige Spezies, die es unter Umständen sogar zu bekämpfen gilt. Unter anderem davon handelt dieses Buch. Aber bevor Sie von meinen Erlebnissen im Schulalltag lesen, möchte ich mich Ihnen zuerst einmal vorstellen.

Ich habe nach dem Abitur lange überlegt, was ich beruflich anfangen könnte. Bis dahin hatte ich die Möglichkeit, Lehrerin zu werden, überhaupt nicht in Erwägung gezogen. Als ich dann aber gezwungen war, mich für etwas Konkretes zu entscheiden, erschien mir dieser Beruf als die beste Wahl: Ich konnte studieren, was mich wirklich interessiert, nämlich Germanistik und Geschichte, mich würde ein abwechslungsreicher Job erwarten, ich säße nicht den lieben langen Tag im Büro und hätte mit vielen unterschiedlichen jungen Menschen zu tun, könnte ihnen sogar etwas beibringen. Entgegen der landläufigen Meinung spielte die Anzahl der Ferientage keine Rolle in meinen Überlegungen. Und bis jetzt habe ich auch noch nie einen Lehrer getroffen, der seinen Beruf deshalb ergriffen hätte.

Mein Referendariat habe ich an einer Schule in der Stadt gemacht. Manchmal war es anstrengend, denn die Schüler können einen durchaus herausfordern. Aber an wem sollen sie sich sonst reiben? Es bleiben doch meist nur Lehrer oder Eltern, weswegen es ein unverzichtbarer Teil des Schüleralltags ist, sich den Anweisungen der Lehrer zu widersetzen und sie mitunter sogar ein wenig zu provozieren. Sonst wäre es ja auch langweilig. Hat man als Lehrer seine Schüler trotz dieses natürlichen Drangs im Griff, kann auch das Grund für eine gewisse Befriedigung sein, die man aus seiner Arbeit zieht – natürlich neben den fachlichen Fortschritten, die die Schüler machen. Außerdem entwickelt sich über die Zeit eine Beziehung zwischen Lehrern und Schülern, die – wenn sie gut ist – ein ganz entscheidender Grund dafür ist, diesen Beruf zu mögen. Man sieht sie aufwachsen, nimmt an ihrem Leben teil und dient manchmal sogar als Kummerkasten. Oft entstehen im Umgang mit den Schülern auch sehr lustige Situationen. Wenn die Arbeit so funktioniert – und ich glaube, dass das bei mir doch manchmal gelingt –, ist der Lehrberuf durchaus eine gute Wahl.

Während der Ausbildung habe ich also bemerkt, dass mir dieser Job tatsächlich Spaß macht und dass ich mit den Schülern im Wesentlichen gut auskomme. Nach meinem Examen arbeitete ich kurze Zeit als Vertretungslehrerin an einer Schule, bis ich eine sogenannte Planstelle, das heißt eine Stelle im Beamtenstatus, an einer Gesamtschule in Geheimstadt angeboten bekam. Die Gesamtschule ermöglicht den Schülern jeden Schulabschluss, vom Hauptschulabschluss bis zum Abitur, ein Konzept, das ich nach wie vor für sinnvoll halte. Zudem fand ich es nicht schlecht, in einem Ort auf dem Lande arbeiten zu können. Das Einzugsgebiet der Schule besteht aus der kleinen Stadt selbst und einigen winzigen umliegenden Orten. Pampa. Provinz. Bestimmt wohlbehütete Schüler und wahrscheinlich keine ganz großen Problemfälle.

Bei den Schülern selbst lag ich mit meinen Vorstellungen zu einem großen Teil ganz richtig. Aber mit meiner eigentlichen Arbeit als Lehrerin, mit dem Unterricht, kann ich mich trotzdem oft nicht beschäftigen. Nein, ich leide nicht am Burn-out-Syndrom, und ich habe auch kein ADHS. (Von ADHS werden Sie später noch hören.) Ich führe auch kein allzu ausschweifendes Privatleben, das mich an meiner Arbeit hindern könnte. Sie fragen, warum in aller Welt ich mich dann nicht auf den Unterricht konzentrieren kann? Wegen der Eltern! Sie tun nämlich das, was einmal das wesentliche Tätigkeitsfeld der Schüler war: Sie nerven! Mit den Schülern habe ich keine Probleme, und die meisten haben auch keine mit mir. Aber ihre Eltern sind ständig beleidigt oder wütend. Alles nehmen sie persönlich, denn die Schule haben sie zu ihrem Erzfeind auserkoren. Wenn Sie selbst im entsprechenden Alter sind, haben Sie bestimmt schon einmal erlebt, dass sich Freunde über den Lehrer ihres Kindes beklagen, weil er angeblich nichts kann. Oder diese Freunde meinen, sie müssten unbedingt einmal ein ernstes Wort mit dem Lehrer sprechen, weil der den Sprössling ungerecht behandelt. Vielleicht sind Sie auch selbst Lehrer. Noch besser. Dann wissen Sie, dass Eltern sich endlos über die Lehrer aufregen und ihnen gegenüber mitunter richtig unverschämt werden können, ihrem eigenen Kind aber niemals irgendetwas Böses zutrauen.

Seit acht Jahren arbeite ich nun in Geheimstadt. Ich mag meinen Beruf immer noch. Aber Eltern mag ich immer weniger. Fast täglich habe ich mit welchen zu tun: solchen, die ihre Kinder nicht loslassen können und über ihnen schweben wie ein Überwachungshelikopter. Oder solchen, die keine Notwendigkeit darin sehen, sich um ihr Kind und seine schulische Ausbildung zu kümmern, und die ich vergeblich zu kontaktieren versuche.

In diesem Buch berichte ich davon, wie Eltern mir völlig unnötig die Arbeit erschweren. Auf absurde Weise greifen sie in den Schulalltag und in die Kompetenzen des Lehrers ein, sodass die eigentliche Arbeit mit den Schülern nur unter erschwerten Bedingungen für beide Seiten stattfinden kann. Ob ich mich einfach nur äußere, ob ich zensiere, kritisiere, ermahne, beaufsichtige, lobe, kontrolliere – alles kann zu einer Auseinandersetzung mit den Eltern führen. Ständig muss ich telefonieren, persönliche Gespräche führen, mich in fruchtlosen Schriftverkehr verwickeln und maßregeln lassen. Damit wir uns nicht falsch verstehen: Es gibt natürlich auch nette Exemplare unter den Eltern, mit denen man gerne zu tun hat. Aber ich glaube, diese sind vom Aussterben bedroht. Und ich habe auch nicht grundsätzlich etwas gegen die Kommunikation mit den Eltern. Ein Gespräch kann sich durchaus lohnen. Aber drei Viertel der Gespräche, die ich führen muss, sind schlicht und einfach sinnlos und überflüssig.

In diesem Buch will ich Ihnen also nicht nur erzählen, wie Schüler sich verhalten, sondern hauptsächlich von deren Eltern. Manche Geschichten sind so eigenartig, dass Sie glauben werden, ich hätte sie mir ausgedacht. Stimmt aber nicht. Lesen und staunen Sie.

Viel Spaß!

P. S.: Die Stadt, in der sich meine Gesamtschule befindet, heißt natürlich nicht wirklich Geheimstadt. Und auch die Namen aller Beteiligten wurden geändert – schließlich habe ich schon genug aufgebrachte Eltern am Hals.

Und ich verzichte übrigens generell auf die Formulierung *Schülerinnen und Schüler* oder *Lehrerinnen und Lehrer*, das ist mir einfach zu lang. Nur damit Sie schon mal einen Brief vorbereiten können, falls Sie sich schriftlich beschweren wollen …

Lehrer sind inkompetent

Vor einigen Jahren, als meine Eltern jung waren, und in den Zeiten davor galt das Wort des Lehrers als unantastbar. Wir alle bekamen erzählt, wie den Schülern im Unterricht der Stock über die Hände gezogen wurde, und das bei den nichtigsten Störungen. Der Lehrer durfte das, denn er war die Autorität schlechthin. Die Eltern meiner Eltern wären niemals auf die Idee gekommen, sich über diese Erziehungsmethoden zu beschweren, auch dann nicht, wenn sie selbst den Stock zu Hause im Keller ließen. Genauso wenig wagten sie, die fachlichen Kenntnisse des Lehrers ihrer Kinder anzuzweifeln. Diese Zeiten sind zum Glück vorbei! Lehrer sind in der gesellschaftlichen Hierarchie nicht mehr so weit oben angesiedelt, dass sie sich alles erlauben können, und das ist zunächst einmal eine wünschenswerte Entwicklung. Heutige Eltern können gewiss sein, dass ihr Kind nicht geschlagen wird, und brauchen auch keine Angst davor zu haben, in der Schule mit einem Lehrer zu sprechen oder Kritik zu äußern. Lehrkräfte, die sich als untragbar erweisen, weil sie sich nicht an den Stoff des Lehrplans halten oder sehr zweifelhaften Umgangsformen und Erziehungsmethoden anhängen, werden – zumindest in den meisten Fällen – früher oder später entfernt. Dann ist doch alles in Ordnung, könnte man meinen. Nein.

Die Entwicklung, die den Lehrer von seinem Thron heruntergeholt hat, setzt sich unaufhaltsam fort und steuert dabei auf der Schnellstraße auf das andere Extrem zu. Ob pädagogisch oder fachlich, inzwischen werden Lehrern einfach jegliche Fähigkeiten abgesprochen. Es gibt wohl kaum einen anderen Beruf, bei dem jeder meint, jederzeit fachkundig und urteilssicher mitreden zu können. Dass zum Lehrberuf ein mehrjähriges Fachstudium sowie ein praktisches Referendariat, beides mit abschließendem Staatsexamen, gehört, wird anscheinend einfach vergessen. Es gibt ganz bestimmt ein paar untaugliche Lehrer. In welchem Beruf gibt es keine besseren und schlechteren Vertreter? Aber viele Eltern sind felsenfest davon überzeugt, dass sie selbst die kompetentesten Lehrer überhaupt seien, völlig egal, welchen Beruf sie tatsächlich ergriffen haben. In entsprechendem Ton maßregeln sie die, die wirklich in der Schule arbeiten.

Glauben Sie nicht? Dann lesen Sie.

Mein Kind darf Biomüll essen!

Wenn Kollegen krank sind oder irgendwelche wichtigen Termine wahrnehmen, müssen sie vertreten werden. Die Lehrkraft, die diese Stunde übernehmen muss, kann Glück haben: Dann kommt sie in eine Klasse, die sie ohnehin unterrichtet. Man überrascht die lieben Schüler mit einer weiteren Stunde des eigenen Fachs. Die Schüler freuen sich meistens nicht, man selbst ist aber durchaus zufrieden, weil man unvorhergesehen mehr Zeit hat, um im Stoff voranzukommen, und die Klasse noch mal üben oder Fragen stellen kann, sodass die nächste Klassenarbeit vielleicht besser ausfällt als befürchtet. Man kann in einer Vertretungsstunde aber auch Pech haben: Dann kommt man in eine Klasse, die man nicht selbst unterrichtet und nicht kennt. Zudem muss man als Deutschlehrer vielleicht Mathematik vertreten oder sogar Musik. So was ist gar nicht schön. Eigentlich hasst jeder Lehrer diese Vertretungsstunden. Erfreulicherweise gibt es auch Kollegen, die für diesen Fall Aufgaben hinterlassen. So haben die Schüler etwas Sinnvolles zu erledigen, und der Vertretungslehrer steht nicht ganz so dumm da. Dann hat man wiederum Glück gehabt. Aber auch in so einem Fall kann es blöd laufen.

Ich laufe eines Dienstags vor der ersten Stunde, die ich eigentlich freihabe, zum Vertretungsplan und sehe fett gedruckt: »Pause: Biologie«, und das in Klasse 8c. Kenne ich nicht. Also frage ich die Klassenlehrerin, wer in ihrer Klasse Biologie unterrichtet. Gott sei Dank ist das Herr Kahn, ein höchst genauer und arbeitsamer Kollege, der für solche Fälle, wenn sie vorhersehbar sind, immer etwas vorbereitet hat. Und tatsächlich: In meinem Fach finde ich einen Stoß Arbeitsblätter. Auf dem Weg in die Vertretungsstunde sehe ich mir an, welche Aufgaben die Schüler bearbeiten müssen. Anscheinend lernen sie irgendetwas über biologische Abfälle und Komposthaufen. Furchtbares Fach. Ich ermahne mich sogleich im Geiste selbst und sage mir, dass ich mir ja vielleicht auch noch etwas Interessantes aneignen könnte. Ich betrete also die Klasse, begrüße die Schüler und verteile die Arbeitsblätter. Komisch, offensichtlich interessieren die sich für Komposthaufen, denn sie arbeiten ziemlich konzentriert an ihren Aufgaben. Also gehe ich ein bisschen herum und lasse mir hier und da etwas über Verrottung erklären, Dinge, die ich bisher entweder niemals wusste oder vor Jahren ganz aus meinem Gehirn gestrichen habe.

Diese wundersam schöne Ruhe der Vertretungsstunde stört auf einmal verdächtiges Gekicher. Ich eruiere, aus welcher Richtung die Laute kommen, und gehe aus dem hinteren Teil der Klasse, wo ich gerade gelernt habe, dass man Salat nicht in Massen auf den Komposthaufen werfen darf, an den vorderen rechten Tisch, neben dem sich die Mülleimer befinden. Ein mir bis dahin namentlich unbekannter Schüler beugt sich gerade über den Biomüll, wühlt mit bloßen Händen in irgendwelchen ekelhaften, halb vergammelten Resten herum und führt sie zum Mund.

»Was machst du da?«, frage ich.

»Der will frühstücken«, sagt der lachende Junge, der neben ihm am Tisch sitzt.

»Nimm deine Finger aus dem Müll, der wird nicht gefrühstückt.«

»Der hat aber eine Wette mit mir laufen. Ich gebe dem zehn Euro, wenn er was aus dem Müll isst«, meldet sich der andere Junge wieder.

»Hier wird niemand bezahlt, um Müll zu essen. Raus da!«

Ich werde etwas schärfer, weil der Müllwühler bisher keine Anstalten macht, den Abfall in Ruhe zu lassen. Meinem Tonfall wird dann doch Rechnung getragen. Vorsichtshalber trage ich aber den Mülleimer lieber ein bisschen weg von dem Jungen.

Am Ende der Stunde warte ich darauf, dass alle Schüler den Raum verlassen, um hinter ihnen abzuschließen, da sehe ich diesen Kerl wieder feixend über dem Mülleimer hängen. Um welche Bekloppteheiten muss ich mich hier eigentlich kümmern? Ich werde ein bisschen sauer: »Hände aus dem Müll! Sofort in die nächste Stunde! Und deiner Klassenlehrerin erzähle ich am besten gleich mal von deinen Essgewohnheiten!«

So geht der Junge dann auch aus dem Raum, immer noch grinsend, und ich schließe ab.

Nach der zweiten Stunde habe ich die Geschichte innerlich schon abgehakt, sodass ich es mir spare, die Klassenlehrerin davon zu unterrichten. Zwei Tage lang denke ich nicht mehr an Komposthaufen und Schüler, die Müll essen. Dann spricht mich die Klassenlehrerin in der Pause an: »Wilma, kommst du mal kurz mit?«

Ich gehe mit ihr in den Flur. »Was ist los?«

»Der Vater von Lukas sitzt im Elternsprechzimmer und beschwert sich über alle möglichen Kollegen. Du bist auch betroffen.«

Ich bin verwirrt. »Welcher Lukas?«

»Aus meiner Klasse, in der du am Dienstag Vertretung hattest. Der Vater sagt, du hättest Lukas ungerechtfertigt und ganz heftig angefahren.«

Ich denke kurz nach und komme zu dem Schluss, dass Lukas der Müllesser sein muss. Auf dem Weg zum Elternsprechzimmer erkläre ich meiner Kollegin, um welche Geschichte es sich handeln muss. Die schmunzelt nur. Was soll man dazu auch sagen? Dann öffnet sie die Tür zum Elternsprechzimmer und stellt mich dem Vater vor. Er heißt Gleißner. Wir geben uns die Hand.

»Worum geht es denn genau, Herr Gleißner? Ich höre, Sie haben sich geärgert«, beginne ich.

»Das kann man wohl sagen! Sie können doch meinen Sohn nicht so anblaffen! Sie kennen den Lukas ja gar nicht!«

Wenn ich in der Schule nur Schüler maßregeln dürfte, zu denen ich bereits eine langjährige und innige Beziehung pflege, dann wäre mein Aktionsradius doch ein wenig eingeschränkt. Etwa bei Prügeleien in der Pause: Die beiden kenne ich ja gar nicht! Da stelle ich mich erst mal ganz lieb vor, und dann frage ich freundlich, ob sie nicht lieber etwas anderes spielen wollen, die lieben Häschen. Bequem wäre das schon.

»Herr Gleißner, ich kenne Ihren Sohn zwar nicht, aber in der Situation war das wohl nötig. Lukas wollte Müll aus dem Abfalleimer essen und hat auf die erste Ermahnung gar nicht reagiert.«

»Und da müssen Sie sofort brüllen wie am Spieß? Das ist doch keine Art!«

»Gebrüllt habe ich nicht. Hat Lukas das erzählt? Ich bin wohl ein bisschen lauter geworden, aber das hielt ich, wie gesagt, für nötig und angemessen.«

»Lukas hat gesagt, Sie hätten geschrien!«

Wenn Lukas mich mal schreien hören würde! Schreien ist anders. Aber gut, vielleicht ist das Bürschchen zartbesaitet, denke ich. Und ein bisschen lauter bin ich ja wirklich geworden. Also sage ich: »Wenn das bei Lukas als

Schreien ankam, dann tut mir das leid. Wir können ja auch gerne mal den Rest der Klasse fragen. Ich habe das so nicht wahrgenommen. Mein Ziel war es lediglich, ihn vom Müll fernzuhalten.«

»Und da kommen wir zum eigentlichen Ärgernis«, sagt Herr Gleißner.

»Wie?«, frage ich.

»Mein Sohn darf so viel Müll essen, wie er will! Das geht Sie gar nichts an!«

Ich sehe abwechselnd Herrn Gleißner und meine Kollegin, die Klassenlehrerin, an. Die schüttelt den Kopf und mischt sich ein: »Aber Lukas kann doch nicht einfach so vor allen anderen aus der Mülltonne essen!«

»Er sollte auch nicht alleine aus einer Mülltonne essen«, setze ich hinzu.

Herr Gleißner fragt: »Warum nicht? Was war das denn für Müll?«

»Das war alter Biomüll«, kläre ich ihn auf, wobei ich mich frage, was das zur Sache tut.

»Na also, davon kann ihm ja wohl nichts passieren. Da haben Sie ihn doch nicht zu maßregeln.« Aha. Deshalb hat er nach dem Müll gefragt. Und ich dachte schon, er habe selbst geschmackliche Erfahrungen vorzuweisen.

Herr Gleißner fährt fort: »Sie beschneiden ja die Freiheiten der Kinder!«

»Ich weiß nicht, ob es zu den persönlichen Freiheiten gehört, Biomüll zu essen«, sage ich. Mir fällt momentan keine bessere Antwort ein, denn ich habe darüber noch nie nachgedacht. Und ich glaube, ich kenne auch niemanden, der darüber schon ein Mal nachgedacht hat.

»Solange mein Sohn niemand anderen einschränkt, kann er doch essen, was er will! Was ist denn das für ein pädagogischer Kurs, der hier gefahren wird?«

»Aber Lukas kann davon doch krank werden!«, meldet sich meine Kollegin nochmals zu Wort.

»Dann muss er diese Erfahrung eben machen. Aber seine Freiheit müssen Sie ihm schon lassen!«

Es klingelt zur nächsten Stunde, sodass ich dieses Gespräch leider nicht weiterführen kann. Ich sage: »Herr Gleißner, es tut mir leid, wenn Lukas dachte, ich hätte ihn angebrüllt. Das war nicht meine Absicht. Und wenn Sie meinen, Ihr Sohn könne ruhig Müll essen, dann handhaben Sie das doch für sich so. Hier machen wir das eigentlich nicht. Und jetzt entschuldigen Sie mich bitte, ich muss in den Unterricht.«

Wir geben uns die Hand, und ich lasse meine arme Kollegin alleine zurück, die sich noch sehr viel mehr anhören muss. Auch andere Kollegen werden dazugebeten – die aber unterrichten wenigstens in dieser Klasse. Die Klassenlehrerin ist zum Glück gut im Vermitteln, und so geht Herr Gleißner wesentlich ruhiger nach Hause, als er gekommen ist.

Am Nachmittag überlege ich allerdings doch, was hier eigentlich richtig ist und was nicht. Habe ich geschrien? Nein, aber ist das nicht eine subjektive Einschätzung? Wann fängt Schreien an? Wo beginnt die persönliche Freiheit, und wo hört sie auf? Hat Freiheit etwas mit Müll-essen-Dürfen zu tun? Sollten wir die Schüler alle Erfahrungen selbst machen lassen? Hätte das nicht den größten Lerneffekt? Nein. Schüler essen in meinem Beisein keinen Abfall. Auch nicht aus der Biomülltonne. Punkt.

Der Rattenfänger flötet die Ratten in den Fluss

Nicht nur in Erziehungsfragen wird die Kompetenz des Lehrers häufig angezweifelt. Auch fachlich scheinen nach Elternmeinung viele von uns eklatante Defizite aufzuweisen. So wird Mathematiklehrern gerne erzählt, dass es wesentlich sinnvoller sei, das Rechnen mit Brüchen und Prozenten genau so zu lernen, wie die Eltern es vor hundert Jahren auch beigebracht bekommen haben. Diese neuen Rechenwege sind nämlich viel zu kompliziert und verwirrend für die Eltern. Meine Kollegin Frau Kunz – sie hat das Fach Englisch und auch seine Didaktik studiert und unterrichtet es nun – musste sich kürzlich sagen lassen, dass sie gar nicht wisse, wie man Fünftklässlern diese Sprache beibringt. Sie erläuterte der Mutter, die sich beschwerte, ihr Konzept – kein selbst ausgedachtes natürlich, sondern die gängige Methode zum Erlernen einer ersten Fremdsprache. Die Mutter blieb trotzdem bei ihrer Meinung: Frau Kunz gehe einfach unstrukturiert, ohne System und kreuz und quer, dabei flink wie ein Wiesel, durch die Lektionen des Englischbuchs. Frau Kunz habe keinerlei Konzept. Da kann man als Mutter ja gar kein Englisch lernen!

Das Fach Deutsch ist geradezu prädestiniert für fachliche Diskussionen um die Notengebung: Der Deutschlehrer benotet ja ohnehin immer, wie er will. Alles subjektiv! Er liest die Schülertexte und überlegt kurz, ob ihm der Aufsatz, der gerade vor ihm liegt, gefällt. Dann denkt er etwa: Och, das hört sich ja ganz schön an. Außerdem kann ich diese Schülerin sowieso gut leiden. Schreibe ich doch mal eine Zwei drunter. Oder: Der Text hört sich nicht so schön an. Der Schüler sagt ja gar nicht, was ich will! Dann ist das alles ganz falsch. Außerdem ist er ein Junge, und Jungen kann ich partout nicht ausstehen. Komm, ich gebe ihm mal eine Fünf. Freudig erregt setzt er den Schriftzug *mangelhaft* unter die Schülerarbeit und labt sich noch Stunden später an dieser Gemeinheit. Richtig, liebe Eltern, so vergeben Deutschlehrer ihre Noten. So haben sie das ja auch in ihrer mehrjährigen Ausbildung, bestehend aus Fachstudium und Referendariat, gelernt. Herr Klaasen zum Beispiel hat das durchschaut.

Ich habe einen Aufsatz zum Thema Balladen zurückgegeben. Die Schüler sollten den Inhalt von Karl Simrocks *Rattenfänger* wiedergeben und zwei Fragen zu dieser Ballade beantworten. Die Arbeit ist nicht sehr gut ausgefallen, aber der Notendurchschnitt liegt noch im Rahmen des Normalen. Nils, ein Schüler, der sonst eigentlich ganz gute Texte schreibt und dementsprechend gute Noten kassiert, hat leider danebengegriffen – kann passieren. Am nächsten Tag kontrolliere ich die Unterschriften der Erziehungsberechtigten, die sie unter die Aufsätze ihrer Kinder setzen müssen, damit ich sicher sein kann, dass die Eltern über deren Leistungen informiert sind. An Nils' Tisch angekommen, sehe ich unter seinem Aufsatz keine Unterschrift, stattdessen drückt er mir einen Zettel in die Hand und sagt: »Von meinem Vater.«

Ich nehme das Briefchen und lese kurz:

> *Sehr geehrte Frau Pause,*
> *diese Note unterschreibe ich nicht. Man kann*
> *deutlich sehen, dass der Aufsatz meines Sohnes*
> *eine bessere Zensur verdient. Ich bitte deshalb um*
> *einen Gesprächstermin.*
> *Mit freundlichen Grüßen,*
> *Klaasen*

Natürlich ärgere ich mich über diesen Zettel, und zwar nicht, weil Herr Klaasen über die Notengebung sprechen will, sondern weil er wie selbstverständlich meint, dass er diesen Text besser beurteilen könne als ich. Aber das Ärgern hilft ja nichts. Dann erkläre ich eben Nils' Vater, wieso der Aufsatz sehr wohl diese Note verdient. Ich schlage ihm schriftlich einen Termin in zwei Tagen vor und erfahre am nächsten Tag, dass er kommt.

Nils' Aufsatz habe ich mir noch ein Mal genau angesehen, auch die Anstreichungen, Punkteverteilung und meinen Kommentar. Man kann ja nie wissen, ob man nicht doch mal Mist gemacht hat. Habe ich aber nicht.

Jetzt sitzt Herr Klaasen vor mir: »Frau Pause, ich zeige Ihnen zuerst einmal alle falschen Anstreichungen.«

»Was haben Sie denn als falsch erkannt?«, frage ich.

Herr Klaasen tippt wie wild mit dem Finger im Heft seines Sohnes herum, und ein riesiger Wortschwall ergießt sich aus seinem Mund: »Hier dieses Wort zum Beispiel ist großgeschrieben. In diesem Wort fehlt kein Buchstabe. Hier haben Sie einen Grammatikfehler gegeben, wo keiner ist, hier stimmt der Ausdruck meines Sohnes doch. Da haben Sie falsch gelesen und auch noch einen Kommafehler übersehen ...«

Er hört gar nicht mehr auf! Nach Herrn Klaasen zu urteilen, habe ich etwa 85 Prozent der Korrekturen ganz ohne Grund gemacht. Er hat sogar eine Liste angefertigt! Weil ich all diese Fehler gemacht habe, stimmt meine Punkteverteilung natürlich auch nicht: »Bei der Rechtschreibung verdient Nils volle Punktzahl, Frau Pause! Satzbau und Grammatik sind auch nicht so schlecht, wie Sie behaupten! Gucken Sie hier nach den Fehlern! Die haben ja alle Sie gemacht.«

Ich höre mir alles an und äußere mich dann, nach einer gefühlten Stunde, selbst: »Das stimmt so nicht, Herr Klaasen. Lassen Sie mich ein Beispiel aufgreifen. Hier ist das Wort nicht eindeutig großgeschrieben. Wenn ich mir aussuchen kann, ob groß oder klein, weiß ich nicht, ob das Wort richtig geschrieben ist. Nils muss deutlich schreiben, das sage ich den Schülern immer.«

»Man weiß doch, dass er groß meint!« Oje. Jetzt muss ich mit dem Vater die gleiche Diskussion führen wie mit meinen Schülern.

»Wenn er ein großes L meint, dann muss er das auch hinschreiben! Sonst weiß man es eben nicht. Ähnlich ist das bei diesem Fehler.«

Nils hatte geschrieben: *Der Rattenfänger flötet die Ratten in den Fluss.* »Man kann niemanden *in den Fluss flöten.*«

»Das steht doch in dem Gedicht!«

Ich will ihn schon darauf hinweisen, dass es sich nicht um ein Gedicht, sondern um eine Ballade handelt, lasse das aber lieber sein. »Nein, da steht, dass der Rattenfänger die Ratten mithilfe seines Flötenspiels in den Fluss lockt. Nils' Formulierung stimmt nicht.« Manchem mag das kleinlich erscheinen, aber solche Fehler zu korrigieren, ist mein Job!

»Das meinen Sie, Frau Pause. Für mich ist die Formulierung richtig.«

Das ist schön, denke ich. Für mich ist auch vieles richtig. Zwei plus sechs ist vier. Also für mich ist das richtig. Da lasse ich mir auch von keinem was sagen. Außer vielleicht von Pippi Langstrumpf.

In Ermangelung einer passenden Antwort versuche ich es anders: »Ähnlich verhält es sich an dieser Stelle.« Ich lese vor: »*Der Bürgermeister trifft den Rattenfänger und auch der Stadtrat. Er will ihm seine Tochter geben.* Da stimmen unter anderem die Anschlüsse nicht. Wer will hier wem seine Tochter geben? Das weiß der Leser nicht.«

»Das weiß man doch! Der Bürgermeister dem Rattenfänger!«

»Wenn Sie die Ballade nicht kennen, dann wissen Sie das nicht!«

Herr Klaasen schüttelt den Kopf, so, als hätte ich nicht mehr alle Tassen im Schrank. Aber er sagt nichts. Vielleicht resigniert er ja. Also mache ich schnell weiter: »Lassen Sie uns zum Inhalt des Aufsatzes kommen, da fehlen Nils ja die meisten Punkte.« Nils hatte den Inhalt der Ballade sinngemäß folgendermaßen wiedergegeben: Ein Rattenfänger befreit die Stadt Hameln von einer Rattenplage, indem er die Ratten *in den Fluss flötet.* Sein versprochener Lohn, die Tochter des Bürgermeisters, wird ihm verweigert. So weit, so gut. Nun trägt es sich nach Nils Klaasen jedoch zu, dass die Mädchen der Stadt alle anwesenden Ratten, wie die auch immer auferstanden sind, und den Rattenfänger selbst in einem groß angelegten Racheakt (wofür?) ertränken. Das ist nicht richtig! Das ist sogar ziemlich falsch!

»Sehen Sie, Nils hat die Ballade zum großen Teil gar nicht verstanden.«

»Frau Pause, jetzt machen Sie aber mal einen Punkt!« Lustig, Punkte hat Nils nämlich auch nicht gemacht. Aber auch das sage ich jetzt lieber nicht. »Das Gedicht war sowieso viel zu schwer für diese Klassenstufe. Sie haben die Arbeit schon von vornherein falsch gestellt.«

Stimmt. Herr Klaasen weiß wahrscheinlich viel besser, wie man Klassenarbeiten aufsetzt. Soweit ich weiß, ist er Maschinenbauingenieur von Beruf, also wesentlich besser qualifiziert dafür als ich.

»Das Thema ist für diese Klassenstufe ein gängiges und wurde durch die Schulleitung abgenommen. Wenn Sie sich über den Anspruch der Arbeit beschweren wollen, müssen Sie sich mit der Schulleitung auseinandersetzen.« Das ist das erste Mal, dass ich jemanden dazu ermutige, sich bei der Schulleitung über mich zu beschweren. Aber anders komme ich aus dieser Diskussion wohl nicht mehr heraus.

Jetzt schweigt er. Schweigen ist manchmal besser als reden. Ich ergreife trotzdem das Wort: »Herr Klaasen, Ihr Sohn ist doch eigentlich in Deutsch recht leistungsstark. Warten Sie die nächste Arbeit mal ab. Die wird bestimmt wieder besser. Ein Ausrutscher kann jedem passieren.«

Er überlegt. »Na gut. Aber richtig ist das trotzdem nicht. Und wenn die nächste Arbeit wieder so bewertet wird, stehe ich bei der Schulleitung.«

»Wie gesagt, Sie können sich gerne beschweren. Das ist Ihr Recht.« Sehr gut. Ich beende das Gespräch, indem ich ihm zustimme. Und dann verabschieden wir uns voneinander.

Herr Klaasen hat bei der nächsten Arbeit keinen Grund, sich zu beschweren, denn Nils hat eine Zwei geschrieben. Ich habe bei der Korrektur höllisch aufgepasst, dass ich ihm keine zu gute Note gebe, nur weil ich vermeiden will, dass ich mich bei einer schlechten Zensur wieder mit Herrn Klaasen beschäftigen muss. Das ist mir selbst aufgefallen, sodass ich dann wieder aufpassen musste, dass ich Nils keine zu schlechte Note gebe, nur weil ich ihm keine zu gute Note geben wollte, weil Herr Klaasen bei einer schlechten Note auf der Matte stehen würde. Oder andersherum? Jeder hat dann und wann Formulierungsschwierigkeiten.

Wenn Lehrer Eltern sind

Ich habe viele Kollegen, die zugleich Eltern sind. Die meisten von ihnen lassen, soweit es möglich ist, das, was die schulische Ausbildung ihrer Kinder betrifft, von ihrem Partner regeln. Damit ersparen sie sich, vor dem Lehrer ihres Kindes zu stehen und sich dabei zu erwischen, wie sie sich genauso dämlich verhalten wie die Eltern, über die sie sich normalerweise beklagen. Ich glaube, das ist eine schlaue Vorgehensweise. Nein, ich weiß es, seit ich im letzten Sommer eine Lehrerin-Mutter live erleben durfte.

Es sind Sommerferien. Ich liege zusammen mit zwei Freundinnen auf der Wiese im Schwimmbad, wir unterhalten uns über dies und das und essen Pommes frites. Plötzlich beugt sich eine mir unbekannte Frau zu uns herunter. »Hallooo!«, schreit sie unerträglich laut, »wie geht es denn so?«

Ich erhole mich schnell vom ersten Schreck und sehe meine beiden Mitschwimmerinnen an. Die eine guckt genauso blöd wie ich, die andere springt auf. »Hallo, Frau Pracht!«, schreit sie fast genauso laut. »Pommes?«

»Nein danke, ich muss auf meine Figur achten«, sagt Frau Pracht. Ein etwas unangebrachter Kommentar, denn Frau Pracht wiegt etwa 15 Kilogramm weniger als meine Freundin und ist dazu noch etwa 20 Jahre älter. Manche Menschen sind unsensibel, denke ich und lausche dem nun folgenden Gespräch. Dabei stellt sich heraus, dass Frau Pracht eine ehemalige Lehrerin meiner Freundin ist. Vor 17 Jahren war sie sogar zwei Jahre lang ihre Klassenlehrerin. Das Gespräch verläuft zunächst so, wie solche Gespräche immer verlaufen: uninteressant.

»Was machst du?«

»Ich habe gerade meinen ersten Job nach dem Studium angetreten.«

»Ach, das ist ja schön.«

»Und selbst?«

»Nichts Neues, immer noch dieselbe alte Realschule.« Und so weiter.

Dann kommt meine Freundin leider auf die Idee, Frau Pracht zu erzählen, dass ich auch Lehrerin bin, und schon muss ich mitreden.

»Wo arbeiten Sie denn?«, werde ich gefragt.

»In Geheimstadt«, antworte ich.

»Ach, das ist doch auch eine Realschule.«

»Nein, das ist eine Gesamtschule.«

»Ah, ja, ja, stimmt. Da ist doch auch ... Warten Sie, ich komme gleich auf den Namen.«

Ich warte. Ziemlich lange sogar. Frau Pracht hebt währenddessen den Kopf und nimmt die Denkerpose ein. Dann frage ich: »Meinen Sie einen Kollegen? Männlich oder weiblich?«

»Ein Mann. Der unterrichtet Englisch. Haar!«

»Gibt es bei uns nicht.«

»Doch, der ist in Geheimstadt an der Gesamtschule. War früher am Schillergymnasium. Das weiß ich, weil meine Tochter den damals hatte. War so ein Großer, Schlanker mit Brille und blonden Haaren.«

»Ah, Sie meinen vielleicht Herrn Hahmann«, sage ich.

»Genau! Hahmann!«, schreit sie und zeigt mit dem Finger auf mich. »Den kann man nicht auf Schüler loslassen!«

Jetzt bin ich verwundert.

»Als meine Tochter den in Englisch hatte«, redet sie weiter, »da hat die nichts gelernt! Was unterrichtet der Hahmann denn bei Ihnen? Oberstufe?«

»Das weiß ich nicht auswendig«, antworte ich.

»Das geht gar nicht! Auch die Mittelstufe kann der nicht unterrichten. Vielleicht noch höchstens in der Orientierungsstufe oder in den Hauptschulklassen.«

Ich unterbreche Frau Pracht ziemlich unfreundlich: »Also, ich kenne Herrn Hahmann als sehr netten Kollegen, der keinerlei Schwierigkeiten mit Schülern hat.«

Spinnt diese Frau? Die weiß doch überhaupt nicht, in welchem Verhältnis ich zu Herrn Hahmann stehe. Vielleicht gehe ich ja jeden Mittag mit ihm Kaffee trinken, bei ihm zu Hause ein und aus, oder vielleicht ist er ja sogar mit mir verwandt. Gleich ziehe ich mal über jemanden her, den sie gut kennt. Mal sehen, wie sie das findet.

»Nein, Schwierigkeiten hat der nicht, aber der kann nix! Glauben Sie mir! Damals am Schillergymnasium war das eine Katastrophe! Meine Tochter ist immer gut in Englisch gewesen. Als sie den bekommen hat, ist sie direkt richtig abgerutscht. Kein Wunder, der ist ja auch Hauptschullehrer!« Sie lacht verächtlich auf.

»Nein, Hauptschullehrer ist er nicht, sondern Gymnasiallehrer.«

»Nein, nein. Fragen Sie mal genauer nach, der ist von der Hauptschule. Deshalb kann der ja auch nix. Und dann auf dem Schillergymnasium! Pah!«

Blöd, dass Frau Pracht nicht weiß, dass die dritte Person, die mit uns Pommes isst, Hauptschullehrerin ist. Ich schaue zu ihr herüber und erwarte schon das Schlimmste, aber sie lacht nur ein bisschen in sich hinein und legt sich auf ihrem Handtuch nieder. Meine andere Freundin, Frau Prachts ehemalige Schülerin, wird ganz rot vor Scham. Ich werde auch rot, und das liegt nicht nur an meinem Sonnenbrand.

Ich sage: »Ich weiß, dass Herr Hahmann ein Gymnasialkollege ist, aber das tut ja auch nichts zur Sache.«

»Natürlich tut das was zur Sache! Warten Sie ab, das werden Sie schon noch lernen! Wenn Sie mal Kinder in dem Alter haben, und die werden von so einem unterrichtet, regen Sie sich genauso auf wie ich!«

Wenn ich mich irgendwann so aufführen sollte, gehe ich zum Arzt und lasse mein Gehirn untersuchen, denke ich.

»Ich war ja zu der Zeit sogar Schulelternsprecherin! Und irgendwann hat es dann ja auch geklappt.«

»Was hat geklappt?«, fragt meine rotgesichtige Freundin.

»Den Hahmann habe ich von der Schule gekriegt! Das war viel Arbeit! Und jetzt ist er deshalb in Geheimstadt. Die armen Kinder!«

Wir gucken Frau Pacht einfach nur ungläubig an. Dann sagt sie: »Ich muss jetzt auch mal weiter, mein Mann wartet sicher schon auf mich.«

»Tschüss, einen schönen Tag noch«, sagt meine Freundin. Ich sage gar nichts, denke aber bis heute, dass ich etwas hätte sagen sollen. Ein Abschiedsgruß wäre das aber nicht gewesen.

Als Frau Pracht weg ist, erfahren wir, dass sie in der Klasse meiner Freundin früher große Autoritätsprobleme hatte. Es liegt also nahe, zu denken, dass Frau Pracht ihre eigene Unfähigkeit kompensiert, indem sie anderen Lehrern die Kompetenz abspricht – egal, ob das Unvermögen der anderen der Realität entspricht oder nicht. Und dazu bietet sich die Mutterrolle an wie keine andere. Als Mutter kann Frau Pracht endlich mal ohne Angst richtig stänkern, als Lehrerin kann sie das nicht.

Ich habe Herrn Hahmann übrigens gefragt, ob er früher am Schillergymnasium gearbeitet hat und von dort eine Frau Pracht kennt. Beides wurde mit einem erstaunten »Nein« beantwortet.

Referate von Eltern müssen
mit Eins benotet werden!

Nicht nur Herrn Hahmanns imaginäre Inkompetenz, auch meine reale Notengebung ist für viele Anlass für Beschwerden.

Es ist Mittwoch, 10:30 Uhr. Für mich heißt das eine von vier Stunden Deutsch in der Woche in Klasse 7b. Ich kenne diese Schüler, seit sie unsere Schule besuchen, und unterrichte sie eigentlich gerne: Die Klasse ist meistens recht interessiert, ziemlich leistungsstark, und die Schüler sind nett. Bald sind Sommerferien, und ich bin mit dem regulären Stoff durch. Also halten diese Schüler seit drei Unterrichtsstunden Kurzvorträge, in denen sie eines ihrer Bücher, das sie privat gelesen haben, in der Klasse vorstellen. Sie müssen etwas zum Autor sagen, das Buch in sein Genre einordnen und die Handlung kurz wiedergeben. Dann lesen sie eine selbst gewählte Stelle aus dem Text vor und erklären zuletzt, warum ihnen dieses Buch gefallen hat oder auch nicht. Auf diese Vorträge gibt es eine letzte Note, die aber nicht groß ins Gewicht fällt.

Ich komme in die Klasse, und Jan, der heute beginnt, hat nicht nur sich, sondern auch einen Laptop bereits vorne aufgebaut und einen tragbaren Beamer angeschlossen.

»Wo hast du denn das alles her?«, frage ich. Normalerweise muss ich solche Gerätschaften besorgen, wenn sie gebraucht werden, da alle wertvolle Technik der Schule in einem eigenen Raum eingeschlossen ist, sodass möglichst nichts kaputtgeht oder wegkommt.

»Meine Mutter war in der Pause hier und hat die Sachen mitgebracht.«

»Warum das denn? Das wäre doch nicht nötig gewesen! Wir haben doch alles hier!« Ich bin ein bisschen entsetzt. Schüler oder ihre Eltern müssen nicht ihre eigene teure Technik mitbringen. Schulen haben diese Dinge ja, um sie auch zu benutzen. Aber in diesem Fall wäre das ohnehin völlig übertrieben! Eine zehnminütige Buchvorstellung eines Schülers aus Klasse 7 braucht ganz bestimmt keine mediale Unterstützung in dieser Form.

»Och, meine Mutter macht das gerne. Das macht nichts.«

Na gut. Ich kann ja jetzt nicht wieder alles abbauen und zu Jan nach Hause fahren, also lasse ich ihn machen und höre mir an, was er zu sagen und zu zeigen hat. Jan beginnt mit dem Autor, der bereits das Zeitliche gesegnet hat, lässt sich detailreich über dessen Leben aus, zeigt dazu einige Porträts und beendet diesen Teil seines Vortrags mit dem treffenden Zitat eines Schriftstellerfreundes über den Verstorbenen – die zehn Minuten sind an dieser Stelle schon um. Professionell fasst er dann die Handlung zusammen, die er zusätzlich mithilfe von Powerpoint-Folien an die Wand wirft. Er liest ein Stück aus dem Roman, ein sehr langes, und erklärt zuletzt, wie besprochen, warum er dieses Buch gerne gelesen hat. Sein letzter Satz geht etwa so: »Besonders beeindruckt hat mich, wie der Autor in diesem Roman mit unterschiedlichen Erzählebenen und Erzählzeiten spielt, in die er sogar sich selbst eingefügt hat.«

Toll! Wirklich! Ich möchte sofort aufspringen, applaudieren und johlen! Und das ganze Referat hat er auch noch auswendig aufgesagt! Super! Was ist das nur für ein hochbegabter Junge? Wahnsinn! – Vielleicht haben sich Jans Eltern meine Reaktion etwa so vorgestellt? Ich weiß es nicht.

In der Klasse ertönt ein leichter Applaus, den es immer gibt, wenn ein Schüler einen Vortrag gehalten hat. Maike meldet sich, und Jan ruft sie auf. Sie sagt: »Du hast das gut gemacht und gut vorgetragen. Die Bilder und so fand ich auch gut. Aber ich habe manche Sachen nicht so richtig verstanden.« Jetzt melden sich weitere Schüler, die alle ähnliche Kommentare wie Maike abgeben. Ich halte mich eine Weile zurück, und Jan zuckt nach jeder Wortmeldung mit den Schultern. Dann melde ich mich, und Jan nimmt mich dran: »Jan, kannst du mir erklären, was Erzählzeiten sind?«

Er schweigt.

»Versuch es mal an einem Beispiel aus deinem Roman.«

Er schweigt.

»Und Erzählebenen?«

Schweigen.

»Du hast gesagt, der Autor ist in seiner Jugend emigriert. Was bedeutet das denn?«

Keine Antwort.

Dieses Spielchen treibe ich noch ein wenig weiter, und dann bitte ich Jan, noch mal in eigenen Worten zu sagen, was ihm an diesem Buch gefallen hat. Er antwortet: »Ich fand das Buch irgendwie witzig, zum Beispiel, wie die Jungen immer miteinander reden. Der eine gibt immer so komische Antworten.«

»Das hättest du in deinem Referat dann auch ruhig sagen können, Jan. Dazu noch ein kurzes Beispiel vorgelesen, und jeder hätte das verstanden. Ganz ehrlich: Hattest du zu Hause viel Hilfe?« Jan wird ein kleines bisschen rot und nickt etwas beschämt. Ich sage ihm, dass wir uns nach der Stunde kurz unterhalten werden, und er baut seine Geräte wieder ab.

Jan kommt nach dem Klingeln zu mir, und ich erkläre: »Es ist ja sehr löblich, Jan, wenn du dir so viel Mühe gibst. Du hast bestimmt auch lange gebraucht, um das alles auswendig zu lernen. Aber es ist nicht Sinn der Sache, Dinge auswendig aufzusagen, die du selber nicht verstehst. Das hast du bestimmt danach auch bemerkt. Das nächste Mal solltest du selbst arbeiten. Wer hat das Referat denn gemacht?«

»Meine Mutter und ich«, antwortet Jan.

»Es ist nicht schlimm, wenn deine Mutter dir hilft, aber nicht so viel«, sage ich. »Du brauchst für einen so kurzen Vortrag auch keine Präsentation mitzubringen. Ihr solltet zehn Minuten sprechen, du hast eine halbe Stunde gebraucht. Das war zu lang.« Jan nickt. »Wir machen es so: Ich gebe dir keine Note, weil ich das nicht kann. Es war ja nicht deine eigene Leistung. Für die Mühe schreibe ich mir ein Plus auf, und das nächste Mal machst du dein Referat selbst.« Jan nickt wieder. Er tut mir jetzt sogar ein bisschen leid, denn ich sehe, dass er versteht, was ich meine, und ihm das Ganze ein wenig peinlich ist.

Sichtbar male ich ein Plus in meine Liste und verabschiede mich von ihm. In der Tür treffe ich auf Jans Mutter, die ihre Sachen wieder abholen möchte. Sie strahlt mich erwartungsvoll an. Ich grüße und sage ihr, dass ich zur nächsten Stunde muss, mit Jan aber schon über sein

Referat gesprochen hätte. Sie solle ihn danach fragen und mich ruhig anrufen, wenn es noch etwas gebe. Heimlich spekuliere ich darauf, dass Jans Mutter zumindest auch ein bisschen peinlich berührt sein wird, sodass sie sich lieber nicht meldet. Und wenn, dann höchstens, um sich zu entschuldigen.

Am Mittwochnachmittag klingelt mein Telefon. Ich hebe ab.

»Pause«

»Hier ist Rosenthal. Jans Mutter.«

»Hallo! Sie rufen bestimmt wegen Jans Referat an.«

»Ja, richtig. Ich will Ihnen nur mal sagen, wie unverschämt ich das finde.«

Gut, meine Spekulationen waren also falsch. Ich bin unverschämt. »Was finden Sie denn unverschämt?«, frage ich.

»Also das noch zu fragen, ist ja wohl die Höhe! Das wissen Sie doch genau!«

»Frau Rosenthal, ich weiß ja nicht, was Jan erzählt hat, aber ich kann Ihnen noch mal sagen, wie sich das Ganze für mich dargestellt hat.« Und ich erzähle ihr, was am Vormittag passiert ist und auch, wie ich meine Bewertung begründe. Begleitet werden meine Ausführungen von immer wieder aufkeimendem sarkastischem Lachen am anderen Ende der Leitung.

Dann setzt Frau Rosenthal an: »Erstens habe ich das Referat nicht für meinen Sohn, sondern mit meinem Sohn gemacht, und soweit ich weiß, hat Jan Ihnen das auch gesagt. Das zu ignorieren, ist schon eine Frechheit. Zweitens hat er zu Hause alles verstanden. Ich kann mir nicht erklären, wieso er in der Schule angeblich nicht antworten konnte.«

»So war es aber.« Jetzt muss ich mich hier verteidigen! Das sollte eigentlich anders laufen.

»Tja, dann liegt das vielleicht an Ihnen!«

Richtig, an mir wird es liegen. Ich ängstige meine Schüler nämlich unheimlich gerne. Manchmal verkleide ich mich sogar als Teufel, setze mir Hörner auf und male mir ganz schwarze, zackige Augenbrauen. Dann stiere ich durch die Gegend und stelle Fragen, die sowieso keiner beantworten kann, schreie die Schüler an und trage laut lachend lauter Sechsen ein. Vor Erregung läuft mir dabei die Spucke in Fäden aus dem Mund. Zu meinem Glück fehlt mir nur noch ein richtig schönes, langes, schwarzes Cape mit Stehkragen, wie Graf Zahl eines hat.

»Wieso sollte das an mir liegen?«, frage ich.

»Vielleicht haben Sie Jan ja bereits im Vorfeld verunsichert. Mit der Technik waren Sie ja schließlich auch nicht zufrieden, hat er mir erzählt!«

»Moment mal. Ich habe nur bemerkt, dass so viel Aufwand für diese kurze Buchvorstellung nicht nötig ist!«

»Ich weiß ja nicht, wie Sie das gesagt haben. Jedenfalls wusste Jan zu Hause ganz genau, was er da erzählt. Und zu sagen, eine Präsentation wäre nicht gut, das ist doch von gestern! Heutzutage läuft nichts mehr ohne Präsentation, das kann ich Ihnen sagen!«, sagt Frau Rosenthal aufgebracht.

Soso, das kann Frau Rosenthal mir also sagen. Vielleicht hat sie weitere Weisheiten auf Lager, mit denen sie mich jetzt gleich beglücken kann. Ich freue mich schon.

»Ich habe nicht gesagt, eine Präsentation sei nicht gut, ich habe gesagt, sie sei in dem Fall einfach nicht nötig!«, gebe ich zurück. »Und noch mal zu dem, was Jan erzählt hat: Ganz abgesehen davon, dass er in der Stunde auf keine Nachfrage antworten konnte, war allein vom Inhalt und der Wortwahl darauf zu schließen, dass das nicht Jans eigenständige Leistung war.«

»Frau Pause, gleich werde ich aber böse!« Jetzt schreit sie. »Was wollen Sie meinem Sohn denn hier unterstellen?«

»Ihrem Sohn will ich gar nichts unterstellen.« Will ich auch nicht, nur der Mutter.

»Fest steht ja wohl, dass Sie nicht willens sind, eine gebrachte Leistung anzuerkennen. Das dürfen Sie nicht. Jan hätte eine Eins verdient!«

Ich sage: »Die werde ich ihm nicht geben. Helfen Sie Ihrem Sohn beim nächsten Mal weniger, dann bekommt er die Note, die er verdient.«

»Ich halte das für unverschämt! Wie gehen Sie eigentlich mit Ihren Schülern um? Das geht doch nicht!«

Was soll ich sagen? Ich weiß es nicht. Am liebsten würde ich auflegen. Oder meine Teufelsverkleidung anlegen, zu Frau Rosenthal fahren und diese Dame gehörig erschrecken. Aber etwas derartig Befreiendes kann man ja leider nicht tun, wenn man nicht in der Klapsmühle landen will.

Frau Rosenthal brüllt weiter in den Hörer: »Außerdem ist es doch nicht verboten zu helfen! Sie müssen doch wissen, dass Kinder manchmal Hilfe brauchen! Seien Sie doch froh, dass ich das mache!«

Recht hat sie. Ich sollte mich in Demut üben und meine aufrichtige Dankbarkeit deutlich zeigen. Vielleicht durch ein kleines Geschenk?

Ich antworte: »Sie dürfen ruhig helfen. Es ist ja auch wichtig, dass ein jüngerer Schüler Hilfe bekommt, wenn er sie braucht. Aber eben nicht so! Sie können Jans Hausaufgaben nicht machen, das muss er tun!«

Und jetzt passiert das, was mir bis dahin noch nie passiert ist: Frau Rosenthal legt einfach auf. Ich überlege, sie noch einmal zurückzurufen, entscheide mich aber dagegen. Wahrscheinlich würde sie dann darin bestärkt, völlig im Recht zu sein. Frau Rosenthal hat auch nicht mehr angerufen.

Diese Geschichte ist ein Jahr her, und Jan unterrichte ich noch immer. Da er ein guter und netter Schüler ist, war ein weiteres Gespräch bisher nicht nötig. Wir werden sehen, was passiert, wenn sich das einmal ändert.

Bewerbungen schreiben? Kann ich nicht!

Sie merken, in vielen Fällen weiß ich gar nicht, was ich tue, wenn ich meinen Job ausübe. Ich habe nämlich von nichts eine Ahnung. Besser säße ich immer nur zu Hause beim Kaffeetrinken. Dann würde ich wenigstens nicht über Dinge reden, von denen ich nichts verstehe.

Es ist Nachmittag, und bei mir zu Hause klingelt das Telefon. Meine Kollegin Frau Niemeyer ist dran: »Wilma, wenn es geht, müssen wir beide am Freitag mit Janniks Mutter ein Elterngespräch führen«, sagt sie.

Jannik ist in der neunten Klasse und hat bei mir Deutsch, aber erst seit Kurzem. Seine Mutter kenne ich also noch nicht. Jannik selbst zeichnet sich bisher vor allem durch ständige Unaufmerksamkeit aus. Wahlweise wühlt er in Taschen oder Unterrichtsmaterial herum, unterhält sich flüsternd und kichernd mit seinem Sitznachbarn oder hört einfach so nicht zu. Wenn ich ihn dabei erwische und ermahne – theoretisch gibt es dafür 40 Minuten ununterbrochen einen Anlass –, sagt er immer das Gleiche: »Was hab ich denn jetzt gemacht?« Er ist dann richtig entrüstet, deshalb zieht er das Wort »gemacht« ganz lang: »gemaaacht?«

Ich habe aufgegeben, ihm zu erklären, was er gerade gemacht hat, denn nach jeder Erklärung kommt: »Hä? Gar nicht!« Ich kann ihn mit dem Kopf unterm Tisch erwischen, sagen, er habe den Kopf unterm Tisch, und er schreit unterm Tisch hervor: »Hä? Gar nicht!«

Jannik ist trotzdem kein schlechter Schüler und hat die erste Klassenarbeit, obwohl er nie zuhört, ganz annehmbar hinbekommen, deshalb gibt es mit ihm kein wirkliches Problem.

»Was will sie denn?«, frage ich meine Kollegin am Telefon.

»Es geht um Janniks Praktikum. Der hat wohl eine ganz schlimme Bewerbung abgegeben. Deshalb hat der Betrieb sich mit Janniks Mutter in Verbindung gesetzt.« Auf dem Land, wo man sich häufiger noch kennt, wird das so gemacht. Niemand kann sich unbemerkt einen Fauxpas erlauben, auch Jannik nicht.

Weil die Schüler für ihr Praktikum in Klasse neun Bewerbungen schreiben müssen oder theoretisch nach diesem Schuljahr eine Ausbildung beginnen können, habe ich vor einigen Wochen das Thema in Deutsch durchgenommen.

Frau Niemeyer erklärt mir, dass Janniks schlechte Bewerbung erst auf den letzten Drücker ankam, er außer dieser keine weitere geschrieben hat und jetzt keinen Praktikumsplatz vorweisen kann, was alles in allem natürlich eher schlecht ist. Sie gehe davon aus, dass Frau Albrecht mit uns besprechen möchte, wie es mit ihrem Sohn nun weitergeht. Gut.

Am Freitag sitze ich mit meiner Kollegin im Elternsprechzimmer. Wir sehen uns die Bewerbung an, die Frau Niemeyer sich vorab von Frau Albrecht hat zufaxen lassen (Frau Niemeyer ist immer sehr genau). Im Anschreiben steht:

> *Sehr geehrte Damen und Herren,*
> *ich möchte bei Ihnen ein Praktikum ablegen.*
> *Das Praktikum dauert zwei Wochen und wird im Oktober stattfinden. Ich würde wirklich sehr gerne Ihre Firma kennenlernen und bitte deshalb um eine Antwort in spätestens einer Woche.*
> *Morgen und am Dienstag bin ich ab 16 Uhr telefonisch zu erreichen.*
> *Mit freundlichen Grüßen,*
> *Jannik Albrecht*

Der Lebenslauf sieht nicht wesentlich besser aus. Wir lachen uns kaputt. Meine Kollegin hat schon Tränen in den Augen und wiederholt immer wieder den letzten Satz, der Janniks Erreichbarkeit angibt. Sie schluchzt: »Das hast du denen beigebracht«, und kriegt sich gar nicht mehr ein. Wir haben noch fünf Minuten, um uns wieder zu beruhigen, da klopft Janniks Mutter an die Tür. Wir begrüßen uns, ich stelle mich vor, und Frau Niemeyer leitet das Gespräch ein.

»Frau Albrecht, wir haben uns Janniks Bewerbung schon genau angesehen. Die ist so ja wirklich nicht tragbar und bei der Firma auch erst sehr spät eingegangen. Da müssen wir uns gemeinsam überlegen, wo Jannik jetzt noch einen anderen Praktikumsplatz bekommen kann.«

Und ich ergänze: »Ich helfe auch gerne beim schriftlichen Teil.«

Frau Albrecht überlegt kurz, dann richtet sie sich an mich: »Das ist ja sehr nett. Aber ich frage mich, warum Sie nicht vorher schon geholfen haben.«

»Das ist vorher nicht passiert, weil Jannik nicht gefragt hat«, sage ich, »sonst hätte ich ihm natürlich etwas zu dieser Bewerbung gesagt.«

Und meine Kollegin fügt hinzu: »Jannik war ja auch überaus spät dran. Da hatte er wahrscheinlich nicht mehr genug Zeit, Frau Pause etwas zu fragen.«

»Wenn er nicht weiß, wie man Bewerbungen schreibt, dann ist das ja kein Wunder. Da hätte ich auch Schwierigkeiten. Und jetzt hat er gar keinen Platz und hat sich mit seinem Schreiben auch noch blamieren müssen.«

»Wir haben Bewerbungsschreiben im Unterricht behandelt, Frau Albrecht. Hat Jannik Ihnen das nicht erzählt? Soweit ich weiß, hatten die anderen auch keine

Schwierigkeiten damit und haben alle einen Platz bekommen. Einige haben mich ihre Bewerbung auch noch mal nachsehen lassen, aber das war schon vor ein paar Wochen. Jannik war einfach zu spät.«

»Mein Sohn hat gesagt, dass das Thema nicht behandelt worden ist.«

Das glaube ich. Wahrscheinlich hat Jannik in der Zeit lieber unterm Tisch mit seinem Handy gespielt oder Musik runtergeladen oder was weiß ich. Wie an seiner Bewerbung zu erkennen ist, hat er im Unterricht jedenfalls garantiert gar nichts gemaaaacht!

Ich sage: »Das stimmt aber nicht. Sehen Sie mal in seinem Heft nach.«

Frau Niemeyer meint: »Ja, ich weiß auch definitiv, dass dieses Thema behandelt worden ist.«

»Dann hat Jannik das vielleicht nicht richtig verstanden!«

»Er hätte doch fragen können, wenn etwas unklar ist«, antworte ich.

»Ich glaube nicht, dass er bei Ihnen etwas nachfragen würde. Er hat mir schon so oft erzählt, dass er dann immer nur zurechtgewiesen wird.«

Langsam reicht es mir. »Er wird ermahnt, wenn er nicht aufpasst, und das ist tatsächlich häufiger der Fall. Wenn er nachfragt, weil etwas unklar ist, wäre das eine ganz andere Sache.« Ich benutze den Konjunktiv, weil Jannik in meinem Unterricht tatsächlich noch nie eine Verständnisfrage gestellt hat.

Frau Albrecht sagt jetzt zuerst einmal nichts mehr. Frau Niemeyer schaltet sich jedoch zu meiner Unterstützung ein: »Ich kann das so auch für meinen Unterricht bestätigen. Oft ist Jannik unaufmerksam und scheint eher wenig interessiert. Beiträge kommen äußerst selten. Aber darum geht es jetzt ja nicht. Lassen Sie uns überlegen, wie wir Jannik doch noch einen Platz verschaffen können.«

Frau Albrecht wird ein wenig rot. Wahrscheinlich konnte sie über die Bewerbung ihres Sohnes nicht lachen, denke ich mir. Das Ganze scheint ihr nur unglaublich peinlich zu sein, sodass sie die Schuld nun woanders sucht. Sie tut gerade so, als hätte sie selbst diese Bewerbung verfasst. O Gott! Vielleicht ist das so? Plötzlich unterbricht sie meine Gedanken: »Vielleicht können Sie das ja auch gar nicht richtig erklären, Frau Pause? Haben Sie daran mal gedacht? Soweit ich weiß, müssen Lehrer sich nirgends jemals bewerben.«

Jetzt lache ich ein bisschen. Was soll das denn? Erstens habe ich mich, auch als Lehrerin, durchaus schon bewerben müssen. Und zweitens muss ich doch nicht alles selbst durchleben, was ich erkläre, oder? Ich habe auch noch nie ein allseits bekanntes Gedicht verfasst und kann trotzdem sagen, wie eines funktioniert. Politische Reden habe ich auch noch nicht gehalten, geschweige denn diverse Kriege geführt oder Genozide durchlebt. Geschichte kann ich trotzdem unterrichten.

Ich habe den Drang, mich wenigstens kurz zu verteidigen, und erkläre: »Ich habe mich sehr wohl bereits bewerben müssen. Und die anderen Schüler haben das ja auch geschafft.« Weil Frau Albrecht nicht antwortet, sage ich noch: »Wie gesagt, helfe ich Jannik beim nächsten Mal gerne. Besprechen Sie doch mit Frau Niemeyer, wie Sie und Ihr Sohn am besten weiter vorgehen.« Dann verabschiede ich mich. Ich habe schließlich gar nichts gemaaaacht.

Jannik hat natürlich doch noch einen Praktikumsplatz bekommen. Für den hat er sich aber gar nicht schriftlich beworben, denn er war bei seinem Onkel, der irgendeine Firma betreibt.

Jungen und Mädchen (Teil I)

Meine eigene Klasse ist momentan in der sechsten Jahrgangsstufe und besteht aus 14 Jungen und 11 Mädchen. Bis auf die üblichen Reibereien verstehen sich eigentlich alle ganz gut. In diesem Alter wollen die Jungen vordergründig nichts mit den Mädchen zu tun haben und umgekehrt. Schaut man genauer hin, zeigt sich jedoch schon jetzt, dass beide Geschlechter am jeweils anderen interessiert sind – wenn auch in den allermeisten Fällen noch auf sehr unschuldige Weise, manchmal vielleicht sogar unbewusst. Besonders auffällig ist dieses Interesse bei Nina und Yunus, die ich nebeneinandergesetzt habe. Beide haben vorher geschrien und geflucht und dann peinlichst darauf geachtet, dass ihre Stühle nicht zu eng beieinanderstehen. Nach einigen Wochen haben sie sich nur noch miteinander statt mit dem Unterricht beschäftigt, gekichert und ständig Körperkontakt gesucht. Die beiden waren schließlich so nervig, dass ich sie wieder auseinandersetzen musste. Trotzdem: Auch wenn es manchmal so endet, ist es oft eine gute Taktik, Mädchen neben Jungen zu platzieren.

Zunächst ist Ruhe im Karton, und dann verstehen sich die Nachbarn oft besser als zuvor. Mädchen neben Mädchen und Jungen neben Jungen neigen viel eher dazu, sich gegenseitig vom Unterricht abzulenken. Deshalb setze ich die Jungen, die miteinander stören, meist neben ein Mädchen und die Mädchen, die miteinander stören, neben einen Jungen. Ganz einfach.

Mit Kevin habe ich seit der fünften Klasse schon mehrere Kombinationen durch. Kevin ist ein ganz lustiger, freundlicher Junge, aber er hat ein Problem: Er kann sich nicht konzentrieren, wenn sich irgendjemand, mit dem er sich unterhalten kann, in seiner Nähe befindet. Des Weiteren neigt er zum Träumen, guckt aus dem Fenster statt an die Tafel, ins Buch oder in sein Heft, braucht etwa zehn Minuten, um seine Arbeitsmaterialien auszupacken, und hat dann womöglich die Aufgabe wieder vergessen. Dementsprechend sehen seine Leistungen aus. Kevin weiß das selbst, kann es aber nicht wirklich ändern. Um ihn zumindest ein wenig zu unterstützen, sitzt er ganz vorne vor meiner Nase. Zudem habe ich ihm vor einigen Wochen Lara dazugesellt, die eigentlich immer ruhig und konzentriert arbeitet. Von ihr wird Kevin weniger abgelenkt und hat zusätzlich eine Schülerin neben sich, die er fragen kann, wenn er wieder einmal nicht weiß, was gerade gemacht werden soll. Kevin ist mit seiner Nachbarin zwar unzufrieden, weil sie ein Mädchen ist, aber diese Kombination hat sich im Rahmen des Möglichen ganz gut bewährt.

Nach der zweiten Stunde komme ich aus meiner Klasse, um in die Pause zu gehen, da steht Kevins Mutter vor der

Tür: »Hallo, Frau Pause, kann ich kurz mit Ihnen sprechen wegen Kevin?«

»Hallo. Ja, sicher. Kommen Sie einfach hier ins Klassenzimmer«, sage ich. Eigentlich ärgere ich mich ein bisschen. Natürlich kann Frau Balz mit mir sprechen, aber warum muss es jetzt sein? Das bedeutet nämlich, dass ich heute gar keine Pause habe, denn in den zweiten fünfzehn Minuten muss ich zu einer kurzen Besprechung mit Kollegen. Na ja, egal. Jetzt ist sie da und ein Gespräch mit Kevins Eltern eigentlich immer sinnvoll.

Ich frage: »Worum geht es denn, Frau Balz?«

»Ach, Kevin, der ist im Moment so unglücklich!«

»Wirklich? Den Eindruck macht er hier eigentlich weniger.« Das stimmt. Kevin lacht den ganzen Tag. Er weiß zwar immer noch nicht, was eine Fabel ist – unser Thema seit drei Wochen –, aber er lacht dabei. Eben hat er sich noch köstlich amüsiert, weil er es witzig fand, dass in der selbst erdachten Fabel seiner Mitschülerin Dilan ein Hund sprechen kann. Das erzähle ich auch Frau Balz.

»Ach so?«, sagt sie, »aber zu Hause ist Kevin ganz anders. Da wirkt er ganz traurig.«

»Wissen Sie denn, warum?«, frage ich.

»Er erzählt immer, dass es in der Schule nicht schön ist.«

Ich kann mir das kaum vorstellen. Man könnte denken, dass Kevin sich unwohl fühlt, weil seine Leistungen so miserabel sind. Aber er lacht ja selbst aus vollem Herzen über seine eigenen Fehler, wenn er darauf hingewiesen wird. Manchmal bin ich fast neidisch auf seine unerschütterliche Fröhlichkeit, die er auch behält, wenn er mal wieder eine Sechs geschrieben hat. Könnte ich so sehr über meine eigenen Unzulänglichkeiten lachen, statt mich zu ärgern, ich hätte Lachfalten bis hinter die Ohren. Obwohl – das sähe vielleicht nicht so gut aus.

»Was stört ihn denn in der Schule so sehr?«

»Kevin sagt, dass er sich von den anderen Jungen abgeschnitten fühlt, seit er neben Lara sitzt. Er kann sich gar nicht mehr mit seinen Freunden beschäftigen«, erklärt Frau Balz.

»Das soll er im Unterricht ja auch nicht«, sage ich, »unter anderem deshalb sitzt er ja neben Lara. Wenn er neben einem Jungen sitzt, lenkt er sich viel zu sehr ab und auch die anderen.«

»Das stimmt schon. Aber es ist auch bewiesen, dass Jungen in dem Alter den Kontakt zu anderen Jungen brauchen. Und Kevin erzählt immer, er würde von den Mädchen geärgert. Und die anderen Jungen auch.«

»Das ist mir neu. Bei mir haben sich die Jungen noch nie beschwert. Und gestern hat vielmehr Kevin einer Mitschülerin auf der Treppe das Bein gestellt, sodass sie recht heftig hingefallen ist.« *Gehfehler* nennen das jüngere Schüler, ein sehr beliebter Sport.

»Wenn Kevin sagt, dass er geärgert wird, vielleicht war das ja seine Reaktion?«, meint Frau Balz.

»Es kann schon sein, dass auch Kevin mal geärgert wird.« Klar, jeder wird mal geärgert! »Aber unschuldig ist Kevin selbst sicher auch nicht. Es kommt in dem Alter halt häufiger vor, dass Mädchen und Jungen sich gegenseitig aufziehen. Das ist normal. Aber ich kümmere mich drum.«

»Ja, das wäre gut«, sagt Frau Balz. »Aber vor allem möchte ich Sie darum bitten, die Sitzordnung in der Klasse zu ändern. Die Jungen werden so sehr von den Mädchen attackiert, die sollten zusammensitzen, damit sie sich wehren können.«

Attackiert? Diese fiesen Bestien namens Mädchen! Vielleicht verzerren sich deren Gesichter ja immer zu Monsterfratzen, wenn ich mich zur Tafel drehe. Und dann starren sie die Jungen, vorzugsweise Kevin, aus ihren hohlen Augen an, bevor sie mit ihren schrecklichen Mäulern zum Angriff übergehen. Für mich unhörbar erschallt dabei bestimmt immer Michael Jacksons *Thriller* im Klassenzimmer.

»Also, soweit ich das sehe, wird hier keiner attackiert. Da hat Kevin vielleicht übertrieben.« Ganz sicher hat Kevin übertrieben, wahrscheinlich sind seine Erzählungen sogar frei erfunden. »Und wehren können sich die Jungen. Ich bin morgens dabei, ich sehe das!«

»Ich glaube nicht, dass die Jungen eine Chance haben. Bei Mädchen in dem Alter ist das oft so. Die machen die Jungen fertig!« Frau Balz ist fest von ihrer Theorie überzeugt.

»Aber kein Junge der Klasse hat jemals gesagt, er würde fertiggemacht. Und Sie haben doch auch zwei Töchter. Waren die denn so schlimm?« Ich weiß von Kevin, dass er zwei wesentlich ältere Schwestern hat, mit denen er sich gut versteht.

»Das weiß ich nicht. Ich merke das erst, seit ich einen Sohn habe«, erklärt Frau Balz.

»Ich kann Ihnen jedenfalls sagen, dass hier niemand attackiert wird. Die meisten verstehen sich im Gegenteil sehr gut.« Was ist denn los mit Frau Balz? Vielleicht hat sie sich früher immer in ein Mädchenmonster verwandelt und die Jungen in ihrer Klasse verspeist.

»Fragen Sie mal nach, und kümmern Sie sich drum! Sie werden sehen, dass es da große Probleme gibt. Und ändern Sie vor allem die Sitzordnung! Am besten jetzt gleich. Ich kann Ihnen zeigen, wo wer sitzen kann.«

Ich spinne wohl! Wieso sollte Frau Balz mir zeigen, wer mit wem zusammensitzen soll? Und dann auch noch aufgrund dieser abstrusen Theorie über die bösen Mädchen!

»Lassen Sie mich bei der Klasse nachfragen, ob es größere Probleme gibt, von denen ich nichts weiß«, sage ich, »und dann werde ich gegebenenfalls die Sitzordnung ein wenig ändern, wenn es wirklich nötig ist.«

»Nur ein bisschen bringt doch nichts. Es ist doch ganz einfach. Setzen Sie alle Jungen nach rechts und die Mädchen nach links. Dann sind doch alle zufrieden.«

Ja, besonders Kevin ist dann zufrieden. Der kann dann den ganzen Tag lachen und sich allem und jedem zuwenden, nur nicht dem Unterricht. Ich antworte: »Nein, das glaube ich nicht.«

Und ich erkläre ihr, nach welchen Kriterien man Sitzordnungen verändern kann oder sollte. Zudem sage ich ihr deutlich, warum Kevin dort sitzt, wo er sitzt.

Mittlerweile ist die Pause um, und die Schüler kommen zurück, auch Kevin. Ich gehe mit Frau Balz und Kevin raus, wo ich Kevin nach seinem Befinden frage.

»Gut«, meint er.

Seine Mutter hakt nach: »Du hast mir doch erzählt, wie ihr alle von den Mädchen geärgert werdet!«

Kevin zuckt mit den Schultern. Er schaut von mir zu seiner Mutter und wieder zurück, dann auf den Boden. Kleinlaut erklärt er, dass ihm sein Sitzplatz nicht gefällt, nichts weiter. Ich sehe, dass Frau Balz ein bisschen wütend wird. Wir schicken Kevin wieder in die Klasse.

»Ich werde Kevin dazu noch etwas sagen. Das können Sie ja zu Hause auch tun«, schlage ich vor.

Frau Balz sagt: »Ist gut.« Sie will schon gehen, da dreht sie sich wieder um und erklärt noch: »Aber die Jungen werden in dem Alter wirklich benachteiligt und oft nicht gehört. Denken Sie also trotzdem über eine andere Sitzordnung nach. Das wäre wirklich besser!«

Ich habe keine Lust mehr und antworte: »Ich denke darüber nach. Auf Wiedersehen, Frau Balz.«

»Auf Wiedersehen. Und wenn Sie Fragen oder Probleme haben, dann rufen Sie einfach an. Sie können mich immer erreichen!«

Eigentlich ist Frau Balz eine ganz freundliche Frau, aber sie hält sich für die Kompetentere von uns beiden. Sie weiß nämlich, wo der Hase langläuft. Ich werde ihr bald alle meine schulischen Probleme und Fragen übermitteln, damit sie sie für mich löst. Das wird toll! Warum ist Frau Balz eigentlich keine Lehrerin? Na ja, mit Kevin hat sie sicher genug zu tun. Davon später mehr.

Zusatzaufgabe

Ich gebe nur ganz selten Zusatzaufgaben. Ich glaube, dass es wenig bringt, wenn Schüler zu Hause irgendwelche Texte abschreiben, weil sie beispielsweise immer wieder ihren Müll durch die Gegend werfen. Die Erfahrung zeigt, dass der Text sie davon ohnehin nicht abhält, auch nicht in Zukunft. Außerdem muss man sich jeden, den man dazu verdonnert, notieren, damit man nicht vergisst, die Zusatzaufgabe einzufordern, denn sonst verfehlen sie ihre Wirkung ganz. Ab und zu vergebe ich aber doch etwas Zusätzliches, nämlich dann, wenn das Fehlverhalten eines Schülers ihn von den Aufgaben im Unterricht abhält.

Heute bin ich schlecht gelaunt auf dem Heimweg. Die achte Klasse, die ich in Geschichte habe, macht mich rasend. Sie besteht aus unheimlich vielen Schülern, 34 an der Zahl, die alle über unglaublich voluminöse Organe verfügen. Den Musiklehrer mag das freuen, mich weniger. Zudem liegen meine Geschichtsstunden jeweils in der sechsten Stunde, weil es nicht anders zu machen war. Das bedeutet: Die Schüler haben nach fünf Stunden zwar keine Lust mehr, sind aber keinesfalls müde. In Erwartung des nahenden Schulschlusses drehen sie im Gegenteil richtig auf. Jeder macht, was er will, und im Unterrichtsgespräch wird jeder von jedem ungefragt und unangemessen kommentiert. Bei einem Kollegen ist ein Junge sogar einmal abgehauen, weil er »keine Lust mehr auf die Scheiße« hatte. Normalerweise habe ich keine Autoritätsprobleme, aber diese Klasse bringt mich bisweilen an meine Grenzen.

Heute hat vor allem Maik mich Nerven gekostet. Seit einigen Stunden behandeln wir die Entdeckung Amerikas durch die Europäer. Ich habe den Schülern bisher drei Arbeitsblätter mit diversen Texten ausgeteilt, Texte und Aufgaben mit ihnen besprochen sowie zwei Tafelbilder mit ihnen erstellt, die sie ins Heft übertragen sollten. Man könnte also davon ausgehen, dass irgendwelche Aufzeichnungen zu dem Thema vorhanden sind und auch zumindest ein bisschen Wissen.

Am Anfang der heutigen Stunde stelle ich ein paar Fragen zur Wiederholung und Klärung eventueller Verständnisschwierigkeiten. Maik sitzt ganz außen in der ersten Reihe. Ich sehe aus dem Augenwinkel, wie er aus dem Fenster starrt, sage dazu aber zuerst nichts. Dann fängt er an zu winken. Während ein Mitschüler meine zuvor gestellte Frage beantwortet, starre ich Maik an. Oft hilft es schon, wenn Schüler sich beobachtet fühlen, in diesem Fall aber nicht. Ich weiß, dass Maik mich durchaus wahrnimmt, mein Blick stört ihn aber nicht. Er grinst und hält seinen Mittelfinger hoch, um diverse Schüler auf dem Schulhof zu grüßen. Das kann ich jetzt nicht mehr ignorieren. Ich unterbreche seinen Mitschüler und sage: »Maik, mach mal weiter.«

Natürlich weiß er nicht, wovon gerade gesprochen wurde. Also antwortet er: »Wieso?«

»Weil du dran bist.«

»Keine Ahnung!«

»Wenn du schon keine Ahnung hast, solltest du vielleicht damit aufhören, Zeichen aus dem Fenster zu geben!« Ich bedeute seinem Mitschüler weiterzusprechen. Nach etwa 30 Sekunden sehe ich, wie Maik wieder gestenreich aus dem Fenster kommuniziert.

Ich werde lauter: »Maik!«

»Was denn?«

Jetzt habe ich genug. »Nimm dein Zeug und setz dich hinten an den freien Tisch.«

Stöhnend, protestierend und überaus langsam wechselt er den Platz. Ich reagiere darauf nicht und führe den Unterricht mit einer schriftlichen Aufgabe fort. Während die Schüler diese Aufgabe bearbeiten, gehe ich ein bisschen durch die Klasse und gucke, was sie so machen. Bei Maik angekommen, sehe ich, dass er nichts macht.

Ich sage zu ihm: »Seit 15 Minuten machst du gar nichts. Du hast doch keine Ahnung, sagst du. Mach was, damit sich das ändert. Ansonsten ist das schlecht.«

Maik guckt hoch und grinst mich an. Er will mich provozieren. Ich gehe auch darauf nicht ein und sage ihm stattdessen, er solle nach der Stunde zu mir kommen. Den Rest der Stunde stört er durch überaus schlaue Zwischenkommentare, beispielsweise: »Alter, is' der dämlich!« Beim Klingeln packen alle ein und Maik will schon gehen, aber ich pfeife ihn zurück.

»Da du es anscheinend nicht für nötig hältst, deine Arbeit hier zu machen, machst du sie zu Hause. Gib mir mal dein Heft.«

»Ich habe keins.«

»Wieso nicht?«

»Keine Lust.«

Ich bin sauer. »Das ist mir egal. Es ist dein Job, hier was zu machen. Ich habe auch nicht immer Lust. Vor allem hast du dabei nicht noch zu stören!«

Maik zuckt mit den Schultern.

»In der nächsten Stunde hast du alles schriftlich, was die anderen auch haben. Ist das klar? Und du kommst unaufgefordert zu mir und zeigst mir die Sachen.«

Maik zuckt wieder nur mit den Schultern und geht.

Im Auto bin ich noch immer wütend. Außerdem frage ich mich, warum Maik sich so benimmt. Wieso kriege ich diesen Kerl nicht richtig in den Griff? Ich ermahne mich selbst, nicht mehr darüber nachzudenken, weil ich wegen meiner Unaufmerksamkeit eben fast einen Unfall verursacht hätte.

Ein paar Tage später, in der nächsten Geschichtsstunde in dieser Klasse, gibt Maik mir zu Beginn einen Brief. Ich lese:

Sehr geehrte Frau Pause,

meiner Frau und mir ist nicht klar, wieso unser Sohn Hefteinträge aus mehreren Unterrichtsstunden nachtragen soll. Diese Aufzeichnungen müssten längst vorhanden sein und sollten in der Schule gemacht werden! Wir können nicht nachvollziehen, warum Sie darauf nicht geachtet haben. Sie müssen sicherstellen, dass Maik seine Aufgaben im Unterricht erledigt. Um alles zu Hause nachzuholen, fehlt ihm und uns die Zeit.

Wenn Sie nicht dazu in der Lage sind, unseren Sohn zu motivieren, sollte das nicht unser Problem sein. Vielleicht müssen Sie über Ihren Unterricht nachdenken. Die Strafaufgabe ist unangemessen, Maik wird diese Aufgabe nicht erledigen.

Mit freundlichen Grüßen,

P. Sauer

Ich staune und bemerke, dass mir der Mund offen steht. Am liebsten würde ich schreien, aber weil ich das natürlich nicht darf, bleibt mir nichts anderes übrig, als den Unterricht zu beginnen. Ich muss so tun, als wäre nichts passiert, und irgendwie gelingt mir das, glaube ich.

Zwischendurch überlege ich immer wieder, wie ich reagieren soll. Ich kann den Brief nicht ignorieren, dazu ist er zu unverschämt. Außerdem kann es nicht sein, dass Maik einfach so davon und zu dem Schluss kommt, sich demnächst alles erlauben zu können. Ich möchte aber auch keine zu große Sache daraus machen, denn ich habe gerade genug zu tun – und zwar Wichtigeres, als mich mit Eltern, die meinen Unterricht noch nie erlebt haben, darüber zu streiten, ob ich meinen Job richtig mache. Ich werde sicherlich nicht jedem Schüler hinterherlaufen und kontrollieren, ob er sein Heft richtig führt! Dann würde ich den ganzen Vormittag über nichts anderes machen. Und Motivation? Das versuche ich, aber wenn ein Schüler partout nichts tun will, dann tut er nichts. Da könnte man vorne kleine Kunststückchen aufführen, es würde nichts nutzen. Ich könnte natürlich alle zu einem Fußballspiel einladen, statt Geschichte zu unterrichten. Da wären die meisten sicher motiviert und ich hätte ein laues Leben. Aber manchmal muss man auch etwas anderes lernen, so ist das eben! Die *Strafaufgabe* ist unangemessen? Wie unverschämt, einem Schüler zu sagen, er solle seine nicht gemachte Arbeit nachholen! Was für eine *Strafe*! Also wirklich. Wahrscheinlich hätte ich Maik belohnen und ihm selbst ein Heft anlegen sollen. Das wäre die gerechte Strafe für mein Verhalten gewesen.

Gegen Ende der Stunde bin ich eigentlich noch immer in Rage. Aber ich weiß, wie ich antworten werde. Ich gehe zu Maik und sage ihm, dass ich seinen Eltern eine Antwort zukommen lassen werde, die genauso ihm gilt. Nachmittags setze ich mich also hin und schreibe:

Sehr geehrte Frau und Herr Sauer,
Ihren Brief habe ich zur Kenntnis genommen. Es ist jedoch allein Maiks Aufgabe, dem Unterricht zu folgen und seine Arbeitsaufträge zu erledigen – auch dann, wenn er an einem Thema gerade weniger interessiert ist. Er hat seine Pflichten als Schüler nicht erledigt und deshalb sollte er sie nachholen (abgesehen davon ist sein Verhalten im Unterricht inakzeptabel). Sollte Maik dies nicht tun, kann er nicht lernen und verweigert zudem die Leistung.
In diesem Fall wird die entsprechende Note folgen.
Mit freundlichen Grüßen,
Wilma Pause

Nachdem ich Maik diesen Brief übergeben habe, passiert nichts mehr – keine Antwort. Auch das ist mir unverständlich. Zuerst wird wegen einer einfachen Aufgabe ein großer Aufstand geprobt, und dann scheint wieder Gleichgültigkeit zu herrschen. Ich glaube nicht, dass Maiks Eltern mit meiner Antwort einverstanden waren. Vielmehr scheint es, als wäre ihnen eine weitere Auseinandersetzung zu viel, genauso wie selbst einmal in Maiks Hefte zu schauen. Maik hat seine Aufgaben übrigens nicht nachgeholt. Dementsprechend hat er im darauffolgenden Test eine Sechs geschrieben.

Eine Sechs gibt es gar nicht

Nicht nur Maik hat schon einmal eine Sechs geschrieben. Diese Zensur kommt dann vor, wenn eine Leistung ungenügend ist. Meist ist sie dann praktisch nicht vorhanden.

Heute sammele ich in der achten Klasse, die ich in Deutsch unterrichte, die Hausaufgaben einiger Schüler ein. Diese Schüler machen für mein Fach relativ wenig, haben keine Lust und stehen außerdem zwischen zwei Noten. Da es bald Zeugnisse gibt, will ich noch etwas von ihnen sehen. Dass ich ihre Hausaufgaben einsammeln werde, habe ich vorher nicht gesagt. Das muss ich auch nicht. Schließlich will ich überprüfen, ob sie sich generell Mühe geben, nicht, dass sie ein einziges Mal ordentlich arbeiten. Ich habe jedoch bereits mit jedem von ihnen über seine Leistung gesprochen und darauf insistiert, dass sie zu jeder Stunde anständig vorbereitet sein müssen.

Zu Hause sehe ich mir die Werke an. Manche davon sind gar nicht schlecht. Dann schlage ich Leyla Seidels Heft auf. Ich sehe: nichts. Vielleicht bin ich blind? Auf jeder Seite suche ich nach der entsprechenden Aufgabe: Es ging um eine Charakterisierung von Wenzel Strapinski aus Kellers Novelle *Kleider machen Leute*, ich kann aber nur die Vorarbeit dafür aus der letzten Unterrichtsstunde finden. Ich ärgere mich über Leyla. Hätte sie nach unserem

Gespräch auch nur ein wenig nachgedacht, hätte sie darauf kommen müssen, dass ich bei Gelegenheit bestimmt noch etwas einsammeln würde. Außerdem frage ich mich, warum sie mir nicht gesagt hat, dass sie keine Hausaufgaben gemacht hat, als ich ihr Heft haben wollte. Vielleicht dachte sie, ich würde heute noch kurzzeitig meinen Verstand verlieren und mir ihre Hausaufgabe einfach halluzinieren. Tja, das ist nicht passiert, und jetzt hat sie Pech gehabt. Ich trage eine Sechs in meiner Notenliste ein und mache ihr eine Notiz ins Heft:

> *Leyla, da du gar keinen Text angefertigt hast, ist deine Leistung leider ungenügend (6). Schade.*

Am nächsten Tag gebe ich die Hefte zurück. Leyla sieht gar nicht hinein. Kein Wunder, denn sie weiß ja, was dort zu finden sein muss. Ich sage: »Leyla, du hättest dir denken können, dass ich deine Hausaufgaben einsammele.«

Sie nickt.

»Und warum sagst du mir nicht vorher, dass du keine hast, sondern lässt mich noch ein bisschen suchen?«

Sie zuckt mit den Schultern. Ich lasse es gut sein und mache weiter.

Am Tag darauf kommt Leyla nach dem Unterricht zu mir und zeigt mir ihr Heft. Darin steht direkt unter meiner Notiz:

Leyla gibt mir ihre Telefonnummer, und ich rufe nach der sechsten Stunde an: »Hallo, hier ist Pause, Leylas Deutschlehrerin. Sie wollten mit mir sprechen?«

»Ah, Frau Pause. Ja, das muss ich.« Ich habe Leylas Mutter erwischt.

»Worum geht es denn genau?«

»Es geht um die Sechs, die Sie Leyla gegeben haben.«

»Ja?«

»Wie kann man denn bitte eine Sechs bekommen? Das ist doch eigentlich gar nicht möglich.«

Ich muss lachen. »Doch, eine Sechs ist eine reguläre Note, die manchmal vorkommt. Leyla hatte ja gar nichts im Heft. Da bleibt mir nichts anderes übrig.«

»Ihr Heft war doch fast voll!«

Vielleicht missverstehen wir uns. »Die Note bezieht sich auf eine bestimmte Hausaufgabe, die ich bewerten wollte, nicht auf das ganze Heft. Und diese Aufgabe war nicht zu finden.«

Frau Seidel überlegt scheinbar kurz. »Vielleicht hat Leyla die ja auf ein Blatt gemacht.«

»Ich denke, das hätte sie mir gesagt und dann das Blatt abgegeben.«

»Wahrscheinlich. Aber trotzdem ist doch eine Sechs keine Note, die man einfach so vergibt.«

Von »einfach so« kann hier ja wohl keine Rede sein. »Das stimmt. Aber in diesem Fall bleibt mir nichts anderes übrig.«

Jetzt lacht sie. »Ihnen bleibt nichts anderes übrig? Sie machen doch die Noten! Sie haben doch die Wahl!«

Wieder diese Vorstellung: Ich wähle aus, wie es mir persönlich gerade in den Kram passt.

»Frau Seidel, wenn da nichts steht, kann ich gar keine andere Note vergeben.«

Jetzt wird sie unfreundlich: »Sicher können Sie! Eine Sechs ist doch viel zu hart! Wer vergibt denn Sechsen? Eine Fünf, ja. Aber doch nicht eine Sechs!«

Ich packe die Lehrerin aus, weil ich muss: »Eine Fünf bedeutet wörtlich, dass eine mangelhafte Leistung vorliegt. Da muss also etwas stehen, auch wenn es Mängel hat. Wenn aber nichts zu finden ist, kann man nicht von Mängeln sprechen. Da ist ja gar nichts, was Mängel haben könnte.«

»Das sehen aber auch nur Sie so!«

»Das glaube ich nicht.«

»Kein Lehrer vergibt doch heute mehr eine Sechs! Es gibt doch nichts Demotivierenderes für einen Schüler. Eine Sechs ist doch viel zu hart und das auch noch bei Hausaufgaben!«

Was will Frau Seidel mir hier eigentlich erzählen? Dass eine Sechs laut ungeschriebenem Gesetz nicht vergeben werden darf?

»Das stimmt nicht ...« Ich darf gar nicht ausreden.

»Eigentlich müssten Sie doch gelernt haben, dass es das Wichtigste überhaupt ist, Ihre Schüler zu motivieren. Das erreichen Sie sicher nicht, indem Sie einfach so Sechsen vergeben. Sie müssen sich nicht wundern, wenn Leyla jetzt noch weniger tut!«

Gut, dass Frau Seidel bestens darüber Bescheid weiß, was eigentlich zählt. Ich kann ja *einfach so* nur noch Einsen und Zweien verteilen, damit die Schüler sich freuen. Vor allem Frau Seidel werde ich damit glücklich machen.

»Ich kann keine Leistung schönen, damit Leyla zufrieden ist. Sie muss etwas tun, um sich zu verbessern. Ob ihr das Spaß macht oder nicht, darauf kann ich keine Rücksicht nehmen.«

Ich höre, wie sie ins Telefon schnaubt. »Rücksicht ist für Sie anscheinend sowieso nicht relevant! Dabei wäre es so wichtig, zuerst einen guten emotionalen Zugang zu den Schülern zu haben. Die Energie muss zuerst stimmen!«

Frau Seidel ist wohl ziemlich spirituell unterwegs. Vielleicht trägt sie gerade ein langes Flatterkleid und sitzt in einem Raum voller Räucherstäbchen, während die Panflöten aus der Anlage schallen. Ich würde vorschlagen, noch ein paar dämpfende Mittelchen einzunehmen, damit die positive Energie auch mir gegenüber ungehindert fließen kann.

»Ich pflege einen ganz normalen, freundlichen Umgang mit meinen Schülern, Frau Seidel. Aber das hat nichts mit der Bewertung der Leistungen zu tun. Wenn nichts da ist, ist das eine Sechs. Fertig.«

»Das ist viel zu hart! Und dann auch noch bei Hausaufgaben. Das war doch keine Klassenarbeit!«

Mir wird es jetzt doch zu blöd. Wie oft soll ich mich denn wiederholen? »Frau Seidel, die Sechs steht da und ist gerechtfertigt. Die Notengebung hängt auch nicht von der Form der Überprüfung ab. Es tut mir leid, aber da kann ich nichts anderes tun. Leyla muss sich eben mehr anstrengen und ihre Hausaufgaben machen.«

»Wo soll sie denn jetzt die Motivation dazu herholen?«

Aaaah!

»Vielleicht können Sie sich ja manchmal mit ihr hinsetzen und auch ein wenig kontrollieren, ob sie etwas getan hat. Dann werden die Noten besser, und auch die Motivation steigt wieder, wenn Sie meinen, dass es nur daran liegt.«

»Das meine ich nicht nur, das ist erwiesen!«

So? Ich frage lieber nicht, wo sie das herhat.

»Ich bin mir sicher, dass Leyla sich verbessern kann. Sie muss dafür aber etwas tun. Ich wünsche Ihnen noch einen schönen Nachmittag.«

Und ich will meinen Nachmittag nicht mehr länger mit diesem Gespräch verplempern. Frau Seidel sagt nach einigen Sekunden »Tschüss, Frau Pause« und legt auf. Natürlich verplempere ich doch einige Zeit damit, mich über diese Frau aufzuregen, aber es kommt noch besser.

Am nächsten Tag kommt in der Schule der Direktor auf mich zu und zeigt mir eine E-Mail von Frau Seidel, die er gestern Abend erhalten hat:

> *Sehr geehrte Damen und Herren der Schulleitung,*
> *leider muss ich Sie über das Verhalten einer Ihrer*
> *Lehrerinnen in Kenntnis setzen, da sich ein*
> *unerfreulicher Vorfall ereignet hat, von dem Sie*
> *wissen müssen. Es geht um Frau Pause, die*
> *Deutschlehrerin meiner Tochter.*

Leyla sollte eine Hausaufgabe zur Benotung abgeben. Diese Überprüfung wurde noch nicht einmal angekündigt, wie ich leider erst nach meinem Gespräch mit Frau Pause erfahren habe. Leyla erhielt die Note Sechs für ihre Arbeit. Ich ärgerte mich über diese viel zu harte Bewertung und bat um ein Gespräch mit Frau Pause. Während diesem Gespräch nahm Frau Pause keines meiner Argumente an und beharrte auf ihrer strengen Bewertung. Sie kam mir kein Stück entgegen und beendete das Gespräch, ohne auf mich oder meine Tochter einzugehen. Wir Eltern haben auch Rechte. Es ist nicht zu viel verlangt, eine bestehende Note im Sinne des Kindes und des Lernerfolgs zu überdenken. Frau Pause würgte mich jedoch einfach ab.

Daher bitte ich Sie, mit Frau Pause zu sprechen, damit diese viel zu strenge und unpassende Bewertung zurückgenommen wird.

Ich bedanke mich für Ihren Einsatz.
Mit freundlichen Grüßen,
N. Seidel

Lustig, was? Langsam nimmt die Sache mit der Sechs solch lächerliche Ausmaße an, dass ich mich nicht mehr ärgere, sondern nur noch lachen kann. Das tue ich jetzt auch und erzähle dem Direktor, worüber sich Frau Seidel genau beschwerte und wie unser Gespräch verlief. Der

Direktor ruft daraufhin Leyla zu sich ins Büro, sieht sich die tolle Hausaufgabe samt der Notizen im Heft an und verewigt sich ebenfalls auf der entsprechenden Seite:

> *Sehr geehrte Frau Seidel, für diese Leistung kann keine andere Note als ein Ungenügend vergeben werden. Frau Pauses Bewertung ist völlig korrekt.*

Mich hat Frau Seidel daraufhin nicht mehr sprechen wollen, aber den Direktor verwickelte sie noch einmal in ein Gespräch über die Relevanz von Motivation. Bestimmt hat sie sich außerdem überall über die unfähigen, bösen Lehrer in der Schule ihrer Tochter aufgeregt. Hoffentlich traf sie dabei auch auf Menschen, deren Verstand ein wenig besser funktioniert.

Die Schule macht alles!

Was müssen Eltern eigentlich leisten? Nicht wenig. Sie müssen nämlich für ihr Kind sorgen. Das beginnt bei scheinbar banalen Dingen: Das Kind will bekleidet und verpflegt werden. Zudem soll es ein bestimmtes Maß an Körperhygiene einhalten. Eltern müssen sich ihrem Kind gegenüber außerdem so verhalten, dass es keine Schäden davonträgt. Weiter geht es mit elterlicher Unterstützung in allen Lebensbereichen, die Kinder bis ins jugendliche Alter nicht alleine bewältigen können – das reicht von organisatorischen bis hin zu psychologischen Problemen. Das Kind braucht Beistand, Zuspruch, Maßregelung und bisweilen tatsächlich auch Unterstützung beim Lernen.

Vielleicht denken Sie jetzt, dass Lernen in der Schule stattfindet. Das stimmt auch. Ein Lehrer betreut seine vielen Schüler in der Regel so gut wie möglich. Trotzdem kann es vorkommen, dass ein Schüler etwas nicht versteht, vielleicht weil ein bestimmtes Thema ihm einfach Schwierigkeiten bereitet oder er sich im Unterricht für ganz andere Dinge interessiert und nicht aufgepasst hat. Fragt dieser Schüler dann nicht beim Lehrer nach, müssen wohl oder übel die Eltern ran. Die schlichte Voraussetzung dafür ist wiederum, dass sie sich überhaupt für ihr

Kind interessieren. Dazu gehört, dass sie nachfragen, wie es in der Schule läuft, ab und an die Aufzeichnungen ihres Kindes ansehen und sich, wenn nötig, mit dem Lehrer in Verbindung setzen.

Vielleicht denken Sie jetzt, dass man solche Selbstverständlichkeiten nicht zu erwähnen braucht. Dann wissen Sie nicht, wie oft Eltern eben dies für eine unzumutbare Zusatzaufgabe halten. Und das betrifft alle genannten Bereiche, bei der Verpflegung angefangen über die Organisation des Alltags bis hin zu konkreten Lernschwierigkeiten.

Kommt sie, oder kommt sie nicht?

Manche Kinder bekommen ihre Schulbücher von der Schule. Schulbücher sind nämlich teuer. Wenn es den Eltern nicht möglich ist, sie selbst zu kaufen, nehmen sie an der sogenannten Schulbuchausleihe teil. Sie füllen etwa ein halbes Jahr vor Beginn des neuen Schuljahrs ein Formular aus, damit ihre Kinder im neuen Schuljahr ihre Schulbücher von der Schule geliehen bekommen.

In meiner Klasse gibt es einige Familien, die aus finanziellen Gründen auf die Schulbuchausleihe angewiesen sind. Wenn die Formulare für das nächste Jahr ausgegeben werden, erkläre ich deshalb meinen Schülern immer lang und breit, wie wichtig es ist, dass die Eltern ihre Angaben machen, damit keiner ohne Bücher dasteht. Ich insistiere derart, dass ich mir selbst schon richtig bescheuert vorkomme, und gehe davon aus, dass meine Schüler mich noch mal so schlimm empfinden und diese Formulare ganz sicher zu Hause abgeben werden. Sie geben sie auch ab. Ich frage nämlich am darauffolgenden Elternabend immer bei den Eltern nach. Die Ausleihe funktioniert trotzdem nicht.

Leah geht seit dem fünften Schuljahr in meine Klasse. Ich kenne sie jetzt seit zwei Jahren, ihre Eltern habe ich allerdings noch nie zu Gesicht bekommen. Das liegt nicht daran, dass es noch nie irgendeinen Gesprächsbedarf gegeben hätte. Leah kommt zwar im Stoff ganz gut mit, verhält sich bisweilen jedoch nicht ganz den Regeln entsprechend. Beispielsweise übt sie sich recht häufig darin, möglichst viele ungefragte Kommentare zum Unterricht beizutragen, die in etwa »Boah, ist das Scheiße!« lauten. Weiterhin perfektioniert sie ihre Fähigkeit, andere Schüler möglichst übel zu beleidigen oder auch körperlich anzugehen. Sie kann gut und feste treten, sogar bis in Kopfhöhe – bewundernswerte Gelenkigkeit. Deshalb sammelt sie fleißig Klassenbucheinträge und Tadel, muss sich einmal in der Woche bei irgendwem entschuldigen, soziale Dienste übernehmen, und wir dürfen ständig irgendwelche Klassengespräche führen.

Aufgrund von Leahs Verhalten habe ich schon häufiger kleine Botschaften für ihre Mutter in ihr Hausaufgabenheft geschrieben, darunter auch die Bitte um ein persönliches Gespräch. Mit der Zeit wurden meine Bitten immer drängender, etwa so:

Sehr geehrte Frau Kehr,
aufgrund von Leahs Verhalten ist ein persönliches
Gespräch unbedingt nötig. Terminvorschlag:
13. 02. 2013, 13 Uhr. Bitte teilen Sie mir mit,
wenn Sie einen anderen Zeitpunkt bevorzugen.
Mit freundlichen Grüßen, W. Pause

Frau Kehr reagierte meist tagelang gar nicht. Während dieser Zeit fragte ich Leah, ob sie ihrer Mutter den Eintrag gezeigt habe, was sie immer bejahte. Wenn ich ihr sagte, ich würde bei ihr anrufen, antwortete sie: »Können Sie ruhig. Ich weiß aber nicht, ob meine Mutter da ist.« Ich versuchte also immer wieder, Frau Kehr telefonisch zu erreichen. Sie geht aber tatsächlich nie ans Telefon. Irgendwann schrieb sie mir dann jedes Mal kurz zurück, etwa so:

Ich habe Ihren Eintrag gesehen. Ich kann aber nicht
in die Schule kommen, weil ich keine Zeit habe.
Bestrafen Sie Leah für ihr Fehlverhalten.

Aha. Man könnte jetzt zu der Annahme verleitet werden, dass Frau Kehr Stewardess ist und deshalb ständig in der Weltgeschichte unterwegs. Ist sie aber nicht. Sie ist alleinerziehende Mutter und geht wegen ihrer beiden Kinder nicht arbeiten. Das weiß ich von Leah und von Leahs Großmutter, mit der ich in Ermangelung eines anderen Ansprechpartners schon einige Male telefoniert habe. Außerdem erfuhr ich von einer anderen Mutter, deren Kind in meine Klasse geht, dass Frau Kehr ihren Tag – ihre Kinder sind dann beide in der Ganztagsschule – regelmäßig damit verbringt, mit zwei befreundeten Frauen im Nachbarort Kaffee zu trinken. Dann hat man halt keine Zeit, klar. Und ich *bestrafe* Leah einfach, das wird die Sache schon regeln.

In Bezug auf Leahs häufiges Fehlverhalten waren wir, meine Kollegen, die Klasse, Leah und ich, also auf uns gestellt. Daran hatten wir uns gewöhnt. Wir informierten die Mutter trotzdem durch Einträge in Leahs Hausaufgabenheft und baten immer wieder um ein Gespräch, auch wenn sie nicht reagierte. Wenn man aber auf die Aufforderung, sich bei der Schulbuchausleihe anzumelden, nicht reagiert, gibt es ein Problem.

Das neue Schuljahr hat gerade begonnen. Am zweiten Tag nach den Ferien bekommen die Kinder ihre Bücher von der Schule. Alles klappt reibungslos. Nur Leah hat keine Bücher. Ich weiß, dass sie sonst an der Schulbuchausleihe teilgenommen hat, also frage ich sie: »Hat deine Mutter die Bücher dieses Mal selbst gekauft?«

»Weiß ich nicht.«

»Das Formular für die Ausleihe hast du aber zu Hause abgegeben, oder?«

»Welches war das?«

Ich erkläre ihr, um was es sich handelt, und auch, dass sie vor einem halben Jahr in einer Liste unterschreiben musste, als ich die Formulare ausgeteilt habe.

»Ach so! Ja, das habe ich meiner Mutter gegeben.«

Ich glaube ihr. Aber ich bezweifele, dass Frau Kehr die Bücher selbst kaufen wollte. Na ja, wir werden sehen.

Eine Woche später sitzt Leah noch immer ohne Bücher im Unterricht. Sie hat genau genommen gar nichts. Alles, was sie in die Schule mitbringt, ist ein Schokoladencroissant und ihre Sportsachen. Seit vier Tagen schreibe ich meine kleinen Botschaften auf ein Blatt, das ich ihr mitgebe, denn ein Hausaufgabenheft hat sie nicht mehr. Außerdem mache ich seit zwei Tagen Telefonterror bei ihr zu Hause, ich versuche es alle halbe Stunde bis abends um neun Uhr. Ich mache das, egal wo ich mich gerade befinde, sodass die Menschen um mich herum mich langsam für eine Irre halten müssen.

Am Mittwoch rufe ich Leahs Oma an. Ich erkläre ihr, dass ich unbedingt Leahs Mutter sprechen muss, weil Leah keine Schulsachen hat. Die Oma verspricht mir, ihre Tochter zu informieren. Nachmittags klingelt mein Telefon, das doch tatsächlich Frau Kehrs Nummer anzeigt, die ich mittlerweile auswendig daherbeten kann. Ich traue meinen Augen kaum.

»Pause.«

»Ja, hallo, hier ist Kehr.«

»Frau Kehr, ich versuche schon seit Tagen, Sie zu erreichen.«

»Ja, meine Mutter hat mir Bescheid gesagt. Ich hatte die ganze Woche keine Zeit.«

»Ich habe eigentlich ständig versucht, bei Ihnen anzurufen, auch abends.«

»Wie gesagt, ich hatte keine Zeit und war auch gar nicht zu Hause.«

Das kennen wir ja schon. Ich male mir lieber nicht aus, warum Frau Kehr keine Zeit hatte, denn dann werde ich wahrscheinlich wütend. Die Frage, warum die Kinder anscheinend auch nie zu Hause sind, verdränge ich ebenso.

»Es geht um Leahs Schulsachen. Seit den Ferien bringt sie nichts mehr mit.«

»Das können Sie mir doch ins Hausaufgabenheft schreiben.«

Ich merke, wie ich leider doch wütend werde. »Ich habe Leah ein paarmal Zettel mitgegeben, auf denen unter anderem genau das stand. Ein Hausaufgabenheft hat sie nicht mehr.«

»Leah hat mir aber keine Zettel von Ihnen gegeben«, sagt sie vorwurfsvoll.

Oh, die arme Frau Kehr. Jetzt kriegt sie Ärger. Nur, weil ihre böse Tochter ihren Pflichten nicht nachkommt und meine Briefchen nicht vorgezeigt hat. Einen Vorwurf kann man der Mutter da nicht machen. Nein, Leah ist schuld!

Ich sage: »Fragen Sie Ihre Tochter doch gelegentlich mal, ob es in der Schule irgendetwas gab. Dann erinnert sie sich vielleicht daran.«

»Ja, mache ich dann. War es das?«

Ja, das war es. Alles wieder gut. Ich wünsche Ihnen einen wunderschönen restlichen Tag. Lassen Sie sich nicht stressen, trinken Sie lieber einen Latte Macchiato, und machen Sie sich noch einen entspannten Nachmittag.

»Nein, das Problem hat sich nicht erledigt! Leah braucht Hefte und Schulbücher, die Sie besorgen müssen.«

Frau Kehr ist kurz still. Dann sagt sie ungläubig: »Aber die kriegt sie doch von der Schule!« Witzig, die Frau Kehr.

»Voraussetzung dafür war, dass Sie sich für die Ausleihe angemeldet haben, wie jedes Jahr. Das haben Sie aber nicht getan. Alle anderen haben ihre Bücher längst bekommen.«

»Ich habe nichts bekommen.« Sie gibt mir Antworten wie manche Schüler, wenn sie etwas Wichtiges vergessen haben.

»Leah hat unterschrieben, als sie das Formular vor einem halben Jahr mit nach Hause genommen hat.«

»Das hat sie mir aber nicht gegeben!«

Die böse Leah! Man kann sich einfach nicht auf sie verlassen.

»Sie müssen, wie gesagt, auch mal nachfragen. Bei den anderen Kindern hat das ja auch geklappt. Und letztes Jahr hatte Leah doch auch Bücher, da müssen Sie vorher auch etwas ausgefüllt haben.«

Schweigen.

»Frau Kehr«, sage ich, »Sie müssen jetzt jedenfalls schleunigst Bücher besorgen. Leah kann sonst nichts machen.«

Wieder Schweigen. Wirklich wie meine Schüler, wenn sie erwischt werden. Ob sie gleich weint?

Frau Kehr antwortet: »Ja, mache ich dann.«

»Dazu brauchen Sie eine Schulbuchliste. Die gebe ich Leah morgen mit.«

»Gut.« Sie scheint zu resignieren.

»Außerdem wäre ein Gespräch über Leahs Verhalten auch mal wichtig. Das wissen Sie ja.« Jetzt werde ich ihr professionell die Pistole auf die Brust setzen. Ha! »Wie wäre es am nächsten Montag um 14 Uhr?«

Ich kann praktisch hören, dass sie überlegt, wie sie sich herausreden kann.

»Das ist ganz schlecht.«

»Gut, dann schlagen Sie doch einen Termin vor.« Ich kann für Frau Kehr nämlich immer. Sogar nachts und am Wochenende. Die wird sich wundern.

Zögerlich sagt sie: »Am Dienstag.«

»Gut. Wann?«

»Um elf Uhr vielleicht?«

»In Ordnung. Ich melde Sie an und trage Sie in den Terminkalender der Schule ein!« So etwas gibt es gar nicht, es klingt aber gut. Jetzt schnell auflegen. »Auf Wiedersehen, Frau Kehr, und bis Dienstag dann.«

»Tschüss«, sagt sie leise, und ich lege schnellstmöglich auf.

Am nächsten Tag gebe ich Leah die angekündigte Schulbuchliste und erkläre dem Konrektor, der den Vertretungsplan erstellt, dass ich nächsten Dienstag um elf Uhr mit Frau Kehr sprechen muss. Er lauscht der Geschichte, schüttelt den Kopf über Frau Kehrs Verhalten und plant mich für die betreffende Unterrichtsstunde aus.

Als der Dienstag da ist, warte ich im Elternsprechzimmer. Es ist schon 11:15 Uhr. Ich sehe im Schuleingang nach, im Sekretariat. Nichts. Um 11:30 Uhr gehe ich zu meiner Klasse und rufe Leah zu mir.

»Deine Mutter wollte doch heute kommen.«

»Ja.«

»Anscheinend tut sie das nicht. Weißt du, wo sie ist?«

»Nein«, sagt Leah, »die hat gesagt, dass sie heute kommt.«

Ich schicke Leah zurück in den Unterricht, sehe noch einmal unten nach und starte dann eine weitere Runde Telefonterror. Telefonterror 2.0. Ein guter Filmtitel, wenn man Fans von Bruce Willis und Arnie ins Kino locken will. Frau Kehr muss dann aber mindestens eine Nebenrolle übernehmen.

Der Konrektor, dem ich von Frau Kehr erzählt habe, ist entsetzt, als er erfährt, dass die Frau nicht aufgetaucht ist. Er übernimmt den Terror, bis ich meinen Unterricht beendet habe. Nachmittags mache ich weiter. Nichts.

Am Mittwoch gibt Leah mir in der Pause einen kleinen Brief.

> *Sehr geehrte Frau Pause,*
> *gestern musste ich mit meinem Sohn zum Arzt.*
> *Deshalb konnte ich nicht kommen. Die Schulbücher*
> *sind bestellt. Rufen Sie bitte nicht mehr bei*
> *meiner Mutter an. Mit ihr sprechen wir nicht mehr.*
> *MfG, Nina Kehr*

MfG. FG an die Oma! Ich gehe zum Konrektor und zeige ihm den Brief. Der wird sauer und schlägt vor, Frau Kehr über ein offizielles Schreiben der Schulleitung zu bestellen. Ich willige natürlich ein.

Der neue Gesprächstermin ist am nächsten Donnerstag, 14 Uhr, Frau Kehr weiß Bescheid und will kommen. Am Donnerstag sitze ich also wieder im Elternsprechzimmer, diesmal zusammen mit dem Konrektor. Nichts. Ich bin gar nicht mehr so sauer, denn ich habe nichts anderes erwartet. Der Konrektor schon.

Freitags bekomme ich einen neuen Zettel.

Sehr geehrte Frau Pause,
die Schulbücher sind da. Wir müssen uns also
nicht mehr treffen.
MfG, Nina Kehr

Ich gebe den Brief weiter an die Schulleitung, denn ich habe keine Lust mehr. Wieder wird Frau Kehr einbestellt. Ich überlege, ob ich diesmal nicht kommen soll. Das wäre eine Abwechslung. Meine Überlegung ist aber hinfällig, denn Leah kommt einen Tag vor dem verabredeten Termin zu mir.

»Ich soll Ihnen sagen, dass meine Mutter morgen nicht kommen kann.«

Immerhin erspare ich mir so unnötiges Herumsitzen. »Warum denn nicht?«, frage ich.

»Meine Mutter hat gesagt, sie ist morgen krank.«

Frau Kehr wird immer witziger. Sie sollte Comedy machen. Nina aus Geheimstadt mit babyblauem Jogginganzug. Schade, dass ich nicht weiß, wie sie aussieht, dann wäre die Vorstellung präziser.

»Aha. Und heute ist sie noch gesund?«, frage ich Leah.

Die guckt etwas komisch, lässt sich aber weiter nichts anmerken. »Weiß ich nicht«, sagt sie.

Der Konrektor hat sich darüber schwer aufgeregt. Er hat nach dieser sich über Wochen hinziehenden Affäre großen offiziellen Druck gemacht. Das im Detail zu erzählen, würde ein eigenes Buch füllen und wäre auf Dauer etwas eintönig. Kommt sie, oder kommt sie nicht? Kommt sie, oder kommt sie nicht? Telefonterror 3.0, 4.0 und 5.0.

Dann kam sie. Nach Wochen und zum ersten und letzten Mal. Nach diesem einen persönlichen Gespräch, in dem Frau Kehr eigentlich nur genickt hat und mit allem einverstanden war, ist sie wieder in der Versenkung verschwunden. Schulbücher hat Leah jetzt. Hefte bringt sie nicht immer mit, und ich vermute, dass sie die, die sie hat, von ihrem Taschengeld kauft. Deshalb gebe ich ihr ab und an eines.

Was sich seither verändert hat, ist mein Blick auf Leah. Wenn man bedenkt, dass sie wahrscheinlich auf sich selbst gestellt ist, hat sie sich in letzter Zeit eigentlich ganz gut entwickelt. Und ich versuche, mich um sie zu kümmern. Wenigstens von acht bis Mittag.

Welche Note hat mein Kind?

Von acht bis Mittag kümmere ich mich natürlich auch um andere Schüler. Beispielsweise um Jonas. Der geht in die neunte Klasse und genießt schon seit der siebten meinen Deutschunterricht im Grundkurs. In einer Gesamtschule werden die Schüler ab Klasse sieben in unterschiedliche Kurse eingeteilt, je nach Leistungsstärke. Im Grundkurs sitzen die im betreffenden Fach schwächeren Schüler. Verbessert ein Schüler seine Leistungen, kann er in den besseren Kurs wechseln, genauso umgekehrt, wenn die Leistung stark abfällt.

Jonas' Leistung kann auch im Grundkurs nicht weiter abfallen. Seit der siebten Klasse ist er am Tiefpunkt angelangt – leider. Er sitzt im Unterricht und stiert vor sich hin. Meistens packt er nichts aus. Das geht auch nicht, denn er bringt erst gar nichts mit. Hausaufgaben? Vergessen. Buch? Vergessen. Heft? Vergessen. Stift? Vergessen. Kopf? Vergessen. Jonas hat einfach keinen Bock. Nie. Das gilt auch für fast alle anderen Fächer. Aufgrund seiner nicht vorhandenen oder, wenn, schlechten Leistungen kam er in Deutsch bisher immer auf die Zeugnisnote Fünf. Nun hat sich zum ersten Mal etwas getan, denn die Fünf war für Jonas nicht mehr zu halten. Auf seinem Zeugnis im ersten Halbjahr der Klasse neun stand also: »Deutsch – ungenügend«. Schlimm, aber anders nicht zu machen, denn Jonas' gesammelte Noten beliefen sich auf eine Fünf und sage und schreibe fünf Sechsen, darunter auch alle Klassenarbeiten. Bei der einen hatte er gar nichts geschrieben und bei der anderen vier völlig unverständliche Sätze, die nicht mal entfernt mit dem Thema zusammenhingen.

Auch Jonas' Mutter habe ich noch nie gesehen, denn bei Elternsprechtagen ist sie, auch auf Nachfrage hin, nie aufgetaucht. Da ich nicht bei allen schwachen Schülern den gleichen Telefonterror machen kann wie bei Frau Kehr, habe ich aufgegeben und versucht, wenigstens Jonas zu erklären, dass seine Noten ihm spätestens bei der Bewerbung um einen Ausbildungsplatz Probleme bereiten werden. Zumal, wenn er gar keinen Schulabschluss bekommt. Ihm ist das herzlich egal, seiner Mutter – dachte ich bis zum heutigen Tag – auch.

Ich habe gerade eine Freistunde und unterhalte mich mit einem Kollegen im Lehrerzimmer, da kommt eine unserer Schulsekretärinnen herein:

»Wilma, da steht eine Mutter für dich.«

»Hmm? Wer denn?«, frage ich. Ich erwarte niemanden.

»Die Mutter von Jonas Klein.«

Ich bin doch etwas überrascht. Aber gut, denn Gesprächsbedarf gibt es ja zweifelsohne. Also folge ich der Sekretärin und begegne zum ersten Mal Frau Klein. Sofort bin ich irritiert, denn sie sieht ganz genauso aus, wirklich ganz genauso, wie Gundula Gause. Nur die Kleidung stimmt nicht. Eine sportliche Gundula. Ob Frau Gause ein Doppelleben führt? Egal. Ich begrüße sie und bitte sie ins Elternsprechzimmer. Wir setzen uns.

»Sicher geht es um Jonas' Noten«, leite ich das Gespräch ein. Dafür muss ich kein Hellseher sein.

»Ja, eine Sechs im Zeugnis!« Sie wirkt etwas hysterisch. »Ich bin ja aus allen Wolken gefallen! Eine Sechs!«

Wie kann man denn da *aus allen Wolken fallen*? Jonas' gesammelte Noten ließen schließlich gar nichts anderes zu.

»Na ja, bei zwei Klassenarbeiten mit dieser Note, zwei Hausaufgabenüberprüfungen und einer mündlichen Sechs kommt eben nichts anderes heraus«, sage ich.

»Und deshalb bin ich hier. Denn da gebe ich Ihnen die Schuld.«

Hä? Verstehe ich nicht. Ich muss nachfragen: »Inwiefern?«

»Ich wusste ja gar nicht, dass Jonas so schlecht ist.«

Hä? Verstehe ich immer noch nicht. »Ich habe Ihren Sohn ja jetzt seit der siebten Klasse.«

Gundula nickt.

»Er war doch vor diesem Zeugnis schon schwach in Deutsch. Und dementsprechend hatte er im Zeugnis auch immer eine schlechte Note. Das wussten Sie doch.«

»Eine Fünf, ja. Aber eine Sechs?«, fragt sie mit aufgerissenen Augen.

Eine Fünf kümmert Frau Gause also nicht die Bohne. Eine Sechs dann schon, oder wie? Und wieso tut sie so überrascht?

»Sie haben doch beide Klassenarbeiten und die Hausaufgabenüberprüfungen unterschrieben. Dann müssten Ihnen auch die Noten bekannt gewesen sein.«

»Ja, die eine Sechs habe ich unterschrieben. Der eine Aufsatz war das.«

»Ja, und den anderen Aufsatz und die kleinen Tests auch«, füge ich hinzu. Woran bin ich denn dann schuld?

»Daran kann ich mich nicht mehr erinnern. Das habe ich alles gar nicht gesehen.«

Ein Fall von Gedächtnisschwund! Kenne ich.

»Ich habe immer alle Unterschriften kontrolliert, und Ihre waren auch da. Das weiß ich, weil ich darauf immer achte.« Das stimmt. Darauf achte ich wirklich, unter anderem eben, um Überraschungen zu vermeiden.

»Ich habe nichts gesehen!« Gundula wirkt ein wenig ungehalten.

»Glauben Sie mir, Ihre Unterschriften waren da. Es sei denn, Jonas hat seine Tests selbst unterschrieben. Das glaube ich aber eigentlich nicht.« Auch das stimmt. Jonas ist zwar schwach in Deutsch und lässt jegliche Motivation oder Mitarbeit vermissen, macht nebenher aber genauso wenig. Eine Unterschrift zu fälschen, wäre ihm bestimmt zu anstrengend.

»Nein, nein. Das macht er nicht.« Gundula wiegelt ab.

»Also«, sage ich, »dann haben Sie vielleicht nicht richtig darauf geachtet.« Gefährlicher Vorwurf, ich muss abschwächen. »Möglicherweise hat Jonas Ihnen die Tests ja so nebenbei gezeigt, als Sie gerade anderes zu tun hatten?« Zum Beispiel Nachrichtenmoderationen vorbereiten.

»Kann sein.« Kurze Pause bei Gause. »Trotzdem gebe ich da den Lehrern die Schuld. Jonas hat ja überall so schlechte Noten.«

Auch das ist nichts Neues, wie ich weiß. Ich verstehe nicht, was sie will.

»Sie unterschreiben doch die Arbeiten in jedem Fach. Dann wissen Sie also auch Bescheid über Jonas' Leistungsstand. Vor drei Wochen war außerdem Elternsprechtag. Da hätten Sie doch kommen können und sollen.«

»Jonas war da krank. Da habe ich den Elternbrief erst viel zu spät bekommen! Und die Lehrer müssen mich doch informieren!«

Ich verstehe das immer noch nicht. Sie ist doch informiert. Sie sieht alle Noten. Und warum regt sie sich jetzt auf? In den letzten zwei Jahren war sie nie zu sehen, bei keinem Elternsprechtag. Glaubt sie, dass eine Fünf ausreicht? Wann soll ich sie denn informieren? Vier Wochen vor den Zeugnissen? Ihr sagen, dass Jonas die schwache Fünf der letzten Jahre nicht halten kann, obwohl sie alle

Noten gesehen hat? WIESO informiert SIE sich nicht? Warum ruft SIE MICH nicht an? Jonas ist IHR Kind.

»Sie kannten die Noten doch! Worüber möchten Sie denn informiert werden?«

»Über die Sechs natürlich! Da gebe ich Ihnen die Schuld. Und den anderen Lehrern.«

Mein Gott, jetzt reicht es mir aber. Immer die gleiche Platte. Am liebsten würde ich sie anschreien und dabei gehörig schütteln: SIE WAREN INFORMIERT!

»So kommen wir nicht weiter, Frau Klein. Jetzt ist es passiert, und da sollten wir besser überlegen, wie Jonas sich verbessern kann.«

»Ja, gut. Deshalb bin ich auch da.«

Was? Das kam mir bisher anders vor. Trotzdem erkläre ich ihr, woran ihr Sohn arbeiten muss. Eigentlich ist das alles, angefangen damit, dass er seine Sachen mitbringen muss. Währenddessen nickt Gause immer wieder. Meine Erklärungen ziehen sich ein wenig hin. Zum Schluss sage ich: »Es wäre gut, wenn Sie beispielsweise beim nächsten Elternsprechtag kommen würden. Sie können sich auch zwischendurch ruhig melden. Dann kann ich Ihnen sagen, ob Jonas sich bemüht. Meine Telefonnummer haben Sie ja.«

»Ja.« Wieder nickt sie. »Aber trotzdem: Die Schule hätte mich informieren müssen.«

Jetzt auch noch *die Schule*. Ich ignoriere das und verabschiede mich. Mal sehen, ob Gundula sich noch einmal bei mir meldet. Ich glaube, dass sie das nicht tut, sobald auf dem Zeugnis wieder eine Fünf steht. Für die Zukunft weiß ich, dass ich mich bei Frau Gause melden muss, wenn die

Sechs droht. Etwa drei Wochen vor den Zeugnissen, wenn man ohnehin nichts mehr machen kann. Oder ich rufe nach jeder Klassenarbeit an und frage, ob sie sich noch an ihre Unterschrift erinnert. Wenn ich sie nicht erreiche, melde ich mich einfach bei Klaus Kleber. Der weiß bestimmt, wo sie ist.

Durchsetzungsvermögen

Die Mutter von Jonas meint, die Schule habe ihre Pflichten nicht erfüllt, weil ihr eigener Sohn schlechte Noten bekommt. Ihr geht es um ihr Kind, wenn auch viel zu spät und obwohl sie fragwürdige Vorstellungen davon hat, was sie selbst und was die Schule leisten muss. Es gibt auch Eltern, deren Vorwürfe darüber weit hinausgehen. Nicht mehr das eigene Kind steht im Fokus, sondern die Kompetenz der Schule insgesamt wird infrage gestellt.

Ich bin auf dem Weg zu einem Elternabend. Eigentlich hätte ich zu Hause fernsehen können, aber die Klassenlehrerin der Klasse 9a hat mich und einige andere Kollegen dringend gebeten, auch zu kommen. Das ist ungewöhnlich, denn in der neunten Klasse ist es normalerweise nicht mehr nötig, dass die Fachlehrer an Elternabenden teilnehmen. Ich kann mir denken, dass es Ärger geben wird, aber ich kann mir nicht denken, warum.

Ich unterrichte schon lange in dieser Klasse, die zugegebenermaßen recht lebhaft ist, gehe aber gerne hin, denn die meisten Schüler sind leistungsstark und interessiert. Es gibt ein paar Mädchen, die sich oft und mit Genuss über viele Dinge beschweren, manchmal auch in unangemessenem Ton. Ich komme trotzdem gut mit ihnen aus, denn im Grunde sind auch diese Mädchen verständige Wesen, wenn man ernsthaft mit ihnen spricht.

Eine Zeit lang war die Klasse sehr verschwätzt und ich davon sehr genervt. Deshalb teste ich seit geraumer Zeit einzelne Schüler zu Beginn meines Unterrichts mündlich über den Inhalt der letzten Stunde. Diese Schüler, einer oder auch mal zwei, bekommen eine kleine Note dafür, die in die größere mündliche Note einfließt. Seit ich diese kleinen Wiederholungen mache, hat die Klasse das Quasseln eingestellt. Eine einfache, aber zielführende Lösung, die natürlich nur funktioniert, wenn die einzelnen Schüler ehrgeizig genug sind, und das sind diese Schüler. So weit die Situation.

Am Elternabend gehe ich direkt in den entsprechenden Klassenraum, der zehn Minuten vor Beginn bereits gut gefüllt ist. Außer der Klassenlehrerin und mir sind noch drei weitere Fachkollegen anwesend und sogar ein Konrektor. Ich gehe zur Klassenlehrerin. »Was ist denn hier los?«

»Meine Idee war das nicht«, sagt sie, »die Eltern wollten unbedingt alle Kollegen dabei haben. Und weil es um alle möglichen Beschwerden geht, habe ich auch der Schulleitung Bescheid gesagt.«

»Welche Beschwerden?«, frage ich.

»Keine Ahnung. Ich weiß, dass es um Mathe geht. Mehr haben sie mir nicht gesagt.«

»Hast du denn nicht gefragt?«

»Doch, klar. Aber da kam nichts.« Sie zuckt mit den Achseln und grinst mich an. Gott sei Dank ist mir so etwas bisher noch nicht passiert. Eltern, die die Klassenlehrerin mit ihren Beschwerden überraschen wollen. Toll! Da kann man sich super auf so einen Elternabend vorbereiten, und die vertrauensvolle Zusammenarbeit mit den Lehrern scheint bei diesen Eltern auch höchste Priorität zu haben.

Ich habe neben Frau Minning, der Mathematiklehrerin, Platz genommen, und als einige Minuten später der Elternabend beginnt, bin ich live dabei, wie sie ohne Umschweife zur ersten Zielscheibe wird.

»Sie kommen mit der Klasse überhaupt nicht klar!«, ruft ein Vater.

»In Ihrem Unterricht versteht keiner irgendwas!«, schreit der nächste.

»Meine Tochter erzählt immer, dass Sie nichts erklären! Wie sollen die Kinder den Stoff dann verstehen?!«

»Mein Sohn hat sich um zwei Noten verschlechtert, seit Sie ihn unterrichten! Das kann doch nicht sein!«

»Unsere Kinder können Ihnen keine Fragen stellen! Dann regen Sie sich auf und behaupten, Sie könnten das nicht noch einmal erklären!«

Ich bin völlig entsetzt. Fünf Eltern schreien einige Minuten lang ohne Pause auf Frau Minning ein. Von Gespräch kann keine Rede sein. Sowohl die Klassenlehrerin als auch der Konrektor versuchen, Ruhe und Ordnung in den Haufen zu bringen, werden aber immer wieder unterbrochen und übertönt. Irgendwann schafft es Frau Minning, inzwischen rot angelaufen, das Wort an sich zu reißen:

»Ich kann Ihnen versichern, dass ich ordentlich erkläre. Ich lade Sie gerne ein, meinen Unterricht zu besuchen und sich selbst davon zu überzeugen. Ich erkläre alles. Was ich nicht beantworte, sind Fragen, die mit dem Stoff nichts zu tun haben oder grundsätzliche Dinge betreffen, die Ihre Kinder schon seit Jahren können und anwenden müssen. Das geht einfach nicht. Dann kommen wir alle nicht weiter, wenn einer noch immer nicht weiß, was ein Produkt ist.«

Ich verstehe, was sie meint: Wenn ein Schüler nie aufgepasst hat und dann verlangt, man solle die grundsätzlichsten Dinge noch einmal von vorne erklären, werde auch ich sauer. Dieser Schüler muss eben seine Mitschüler fragen. Oder auch seine Eltern.

»Das geht nicht! Sie sind verpflichtet, Fragen zu beantworten!«, schreit eine Mutter. Und die anderen fünf stimmen ein in den munteren Chor.

Der Konrektor will beruhigen und einlenken: »Wir können sehen, dass Sie sehr aufgebracht sind. Aber so bringt das nichts. Lassen Sie uns gemeinsam nach einer Lösung für das Problem suchen.«

»Wir haben kein Problem!«, ruft eine der aufgebrachten Mütter dazwischen. »Sie müssen uns garantieren, dass unsere Kinder fähige Lehrer bekommen und ihre Noten stimmen! Dafür ist allein die Schule verantwortlich!«

»Moment mal …«, aber Frau Minning darf nicht weitersprechen.

»Ja, Sie sind für die Noten der Kinder verantwortlich! Sie müssen alle Fragen beantworten. Eine Fünf in Mathe! Das geht doch nicht!«

Wo bin ich hier? Im Irrenhaus? Schon mal daran gedacht, dass auch der Schüler selbst für seine Leistungen verantwortlich ist?

»Eine Fünf in Mathematik geht sehr wohl, wenn die Leistungen eben nicht mehr hergeben«, sagt Frau Minning, und wieder geht die Schreierei los: »Die Lehrer müssen doch dafür sorgen, dass unsere Kinder den Stoff verstehen!«

»Die Schule hat versprochen, unsere Kinder bestmöglich zu fördern! Das halten Sie nicht ein!«

Fünf Eltern fordern außerdem einen anderen Mathelehrer, bei dem ihre Kinder bessere Noten bekommen. Der Rest der Eltern schweigt. Auch komisch.

Nach einigem Hin und Her und Frau Minnings Ankündigung, sich dazu nicht mehr zu äußern, weil ihr das »zu blöd« sei (recht hat sie!), stellt der Konrektor erneut fest, dass man so nicht weiterkomme. Er möchte mit den betreffenden Eltern und Frau Minning ein gesondertes Gespräch führen.

»Das können Sie von mir aus machen!«, ruft ein Vater, »dann können Sie aber auch gleich die anderen Kollegen mit einladen!«

»Ja, die sind genauso betroffen!«, schreit eine Mutter.

Ich bin gespannt. Und gar nicht wütend oder nervös, denn dieser Abend gleicht doch eher einem absurden Theaterstück, und ich gehe gerne ins Theater. Die fünf Eltern, die sich über Frau Minning ereifert haben, übernehmen wieder.

»Frau Pause übt einen riesigen Druck auf die Klasse aus! Das geht nicht!«

»Ein Lehrer muss sich doch wohl anders durchsetzen können! Nicht mit Druck!«

Was meinen die? Das frage ich dann auch: »Worum geht es denn konkret?«

»Sie machen jede Stunde Noten!«

»Jede Stunde muss ein Schüler wiederholen können, was gemacht wurde! Jede Stunde! Ein Lehrer muss doch anders für Ruhe sorgen können!«

Könnte ich auch. Ich könnte andauernd ermahnen, Zusatzaufgaben verteilen oder herumschreien. Will ich aber nicht. Deshalb erkläre ich mein Vorgehen. Zum Glück darf ich das: »Wir machen diese Einzelwiederholungen, weil sie sinnvoll sind. Die Schüler passen in der Stunde besser auf und sind gut vorbereitet. Im Endeffekt lernen sie mehr. Das halte ich für sinnvoller als irgendwelche Maßnahmen gegen Störungen, die mit dem Unterricht nichts zu tun haben und ohnehin nicht wirklich greifen.«

Ein Vater meldet sich wieder zu Wort: »Dass das überhaupt nötig ist! Warum hören die Kinder denn nicht ohne irgendwelche Maßnahmen zu? Da läuft doch was verkehrt!«

Ja, das würde ich auch sagen. In der Erziehung mancher Kinder läuft ganz bestimmt was verkehrt. Sonst würden sie sich in der Schule nicht so benehmen, wie sie es tun.

Ein Beispiel: Ein Kind hat eine Fünf in Mathe. Wie reagieren die Eltern? Sie fragen, was im Unterricht schiefläuft – nicht, was bei dem Kind vielleicht schiefläuft, sondern natürlich, was die Lehrerin falsch macht. Das Kind behauptet, es bekomme nichts erklärt. Also übernehmen die Eltern ungefiltert, was das Kind daheim erzählt, kommen in die Schule und schreien die Mathematiklehrerin an. Was lernt das Kind dabei? Meine Aussagen sind die wichtigsten, und ich brauche mich nur zu beschweren, schon bekommen meine Lehrer Ärger. Außerdem muss ich selbst nichts verändern, denn die anderen sind schuld. Genau aufgrund dieser Haltung gibt es in dieser Klasse nämlich die Schülerinnen, die immer nörgeln, sich im Ton vergreifen und danebenbenehmen. Das haben ihnen die Eltern beigebracht.

Die nächste Mutter: »Die Schule ist gar nicht in der Lage, mit unseren Kindern umzugehen, wie es sich gehört!«

Lernen Sie vielleicht erst einmal, mit Ihrem Kind umzugehen, wie es sich gehört, damit es sich entsprechend verhält. Dann kann ich meinen Teil vielleicht auch beitragen. Oder besser: Gehen Sie mit mir um, wie es sich gehört, und dann sprechen wir weiter. Soll ich das mal sagen?

Ich sage: »Ich gehe mit Ihren Kindern so um, wie es angemessen ist. Und benotete Wiederholungen des Gelernten sind ganz bestimmt nichts Außergewöhnliches.«

Der Konrektor meldet sich auch mal wieder zu Wort: »Sie können mir glauben, dass die Schule und jeder Kollege hier sein Bestes gibt. Damit sind nicht immer alle Seiten zufrieden, das gibt es nicht. Aber wir müssen doch aufeinander zugehen und zusammen statt gegeneinander arbeiten.«

Der wortführende Vater: »Aber die Schule arbeitet doch gegen unsere Kinder. Sie sind Dienstleister an unseren Kindern. Ihren Dienst leisten Sie aber nicht, wenn hier schlechte Noten verteilt werden und Druck gemacht wird!«

O Mann. Es wird immer besser. Hoffentlich entsteht gleich noch eine Schlägerei zwischen Dienstleistern (außer mir) und unzufriedenen Kunden. Ich fühle mich ganz gut unterhalten.

»Jetzt machen Sie aber mal halblang!« Das war der Konrektor. Nicht mehr auf Kuschelkurs. »Wir sind eine Schule, kein Unternehmen. Ich verbitte mir, dass die Schule und die Kollegen in der Form angegangen werden, wie es hier stattfindet! Dann kann keiner gute Arbeit leisten, und die Leidtragenden sind nachher die Schüler!«

Ich gucke in die Runde. Einige Eltern – die, die ruhig waren – starren beschämt auf den Tisch vor ihnen. Die Lauten schauen den Konrektor verwirrt an, als könnten sie nicht glauben, dass ein Schulleiter auch einen anderen Ton anschlagen kann. Kein Wunder! Lehrer tun das gegenüber Eltern sonst nicht.

Einer der ruhigen Väter meldet sich zu Wort: »Vielleicht sollten wir mit dem Thema Klassenfahrt weitermachen? Wenn es noch Gesprächsbedarf mit Frau Minning oder Frau Pause gibt, könnten die Betreffenden das wann anders regeln. Das wäre möglicherweise besser.«

»Das meine ich auch«, sagt der Konrektor – nicht, dass er diesen Vorschlag nicht schon längst gemacht hätte. »Wer Gesprächsbedarf zu einzelnen Kollegen hat, dem bieten wir einen gesonderten Termin zusammen mit der Schulleitung an.«

Frau Minning und ich nicken. Dann dürfen wir uns verabschieden.

In den nächsten Wochen haben mich einige der ruhigen Eltern angesprochen, um ihre Beschämung zum Ausdruck zu bringen. Warum haben die während des Elternabends alle den Mund gehalten? Ich weiß es nicht.

Einen gesonderten Gesprächstermin über meine dreisten Disziplinierungsmaßnahmen hat kein einziges Elternteil verlangt. Da sieht man es wieder: Es ist viel einfacher, die Kinder beim Wort zu nehmen und ihnen recht zu geben, statt Dinge zu hinterfragen oder sich mit ihnen auseinanderzusetzen. Das wäre ja Arbeit. Und für Arbeit ist die Schule zuständig.

E-Mail, die erste

Während Leahs Mutter sich um die schulischen Belange ihrer Tochter gar nicht kümmert und ihre eigene Mithilfe und Verantwortung anscheinend für entbehrlich hält, kümmern sich andere Eltern sehr um ihren Nachwuchs – glauben aber trotzdem, die Schule sei für Dinge zuständig, die einfach nicht zu leisten sind. Zu diesem Thema besitze ich eine ziemlich große Sammlung von E-Mails aus der Feder diverser Eltern. Für Höhepunkte der elektronischen Kommunikation dieser Art haben zum Beispiel Herr Jansen, Frau Schug und Herr Weinand gesorgt. Herr Jansen schrieb:

Sehr geehrte Frau Pause,
wie Sie wissen, ist Tobias nun schon lange krank.
Zunächst waren wir mit ihm beim Arzt, weil es schien,
als hätte er eine starke Bronchitis. Diese wurde auch
diagnostiziert. Tobias war daraufhin zu Hause, um sich
richtig auszukurieren. Kaum wurde die Bronchitis besser,
hatte er Schwierigkeiten beim Laufen. Wir suchten wieder
einen Arzt auf. Es stellte sich nun heraus, dass unser
Sohn an einem eingewachsenen Zehennagel an der
ersten Zehe des linken Fußes leidet. Sie können sich

vielleicht vorstellen, wie der Fuß aussieht. Er ist schon ganz blau und schmerzt Tobias bei jedem Schritt. Tagelang konnte er gar keine Schuhe mehr tragen.

Will ich das so genau wissen?

Tobias wird am Fuß operiert werden und deshalb noch länger fehlen. Außerdem hat sich erwiesen, dass unser Sohn nicht nur eine Bronchitis hatte, sondern Asthma. Das ist schlimm für uns und für Tobias. Er braucht jetzt eine Pumpe und muss sich schonen. Meine Frau und ich glauben nicht, dass er in nächster Zeit körperlich belastet werden kann. Deshalb werden wir ihn weiter zu Hause lassen. Voraussichtlich wird Tobias erst in zwei Wochen wieder am Unterricht teilnehmen können.

Hätte ich diese E-Mail verfasst, hätte sie bis hierher so geklungen: »Aufgrund gesundheitlicher Probleme kann Tobias leider weitere zwei Wochen nicht am Schulunterricht teilnehmen.« Fertig.

Weil er sehr viel verpasst, muss sein Weiterkommen jetzt anders gewährleistet werden. Er muss den Stoff zu Hause nachholen. Bisher hat Niklas Peter ihm die Hausaufgaben mitgebracht. Aber Niklas ist erst 13 Jahre alt und wird uns sicherlich nicht alles genau weiterleiten, wie Sie das tun würden.

Das könnte stimmen. Niklas ist ja meines Wissens kein Lehrer.

Darum bitten wir Sie, uns von nun an genauestens zu informieren, damit Tobias nichts verpasst. Bitte händigen Sie uns Ihre Unterrichtsvorbereitungen aus und erstellen Sie uns einen Leitfaden.

Hä?

Meine Frau und ich werden uns dann daran orientieren, wenn wir Tobias den Stoff erklären. Die Hausaufgaben und die Aufgaben aus dem Unterricht werden wir dann nach Ihrem Leitfaden mit ihm durchgehen. Vielleicht können wir uns auch in nächster Zeit einmal über den Stoff unterhalten, bevor ich ihn an Tobias weitergebe?

Immerhin glaubt Herr Jansen, dass ich weiß, was ich mache. Er schätzt meine Kompetenz. Ist doch toll!

Aufgrund der schweren Krankengeschichte unseres Sohnes haben meine Frau und ich ein weiteres Anliegen. Tobias wird auch dann, wenn er wieder zur Schule geht, nicht in der Lage sein, seine Schultasche so weit zu tragen. Der Fuß wird ihm noch Probleme bereiten und das Asthma verbietet ihm jede übermäßige körperliche Belastung. Wir haben Angst, dass er sich überanstrengt. Das darf auf keinen Fall passieren.
Sie selbst und einige Ihrer Kollegen kommen ja morgens aus der gleichen Richtung wie unser Sohn und fahren praktisch an unserem Haus vorbei. Sie könnten Tobias dann vor unserem Haus auflesen und mitnehmen, damit er nicht mit dem Bus fahren muss. Da die Lehrer

direkt neben der Schule parken können, muss Tobias dann nicht weit laufen.

Ungläubig starre ich auf den Bildschirm. Ich muss den letzten Absatz noch einmal lesen und mir erst mal einen Kaffee machen.

Damit das Fahren und Abholen funktioniert, brauchen meine Frau und ich einen Plan.

Pläne haben Herr Jansen und seine Frau, glaube ich, genug.

Wenn es geht, dann stellen Sie uns doch bitte zusammen, welcher Lehrer unseren Sohn an welchem Morgen mitnehmen kann. So wissen wir immer Bescheid.

Ich mache mir noch einen Kaffee. Oder besser einen Schnaps hinter die Binde gießen?

Ich freue mich auf Ihre Antwort und verbleibe mit freundlichen Grüßen,
    A. Jansen

Warum fahren Herr Jansen oder seine Frau Tobias eigentlich nicht selbst zur Schule? Herr Jansen arbeitet doch von zu Hause aus, da dürfte er Zeit dazu haben. Viel mehr fällt mir zu dieser E-Mail gar nicht ein, stelle ich fest. Leerer Kopf. Ich muss aber antworten. Wo fange ich da an? Beim Fuß? Beim Asthma? Beim Bringdienst für die Hausaufgaben? Bei meinem Leitfaden und dem mittäglichen Unterricht für die Eltern? Beim Fahrdienst? Was weiß ich! Am besten schreibe ich einfach »alles klar« und mache alles so, wie Herr Jansen sich das ausgedacht hat. Vorher noch ein paar Schnäpse gekippt, und los geht's. Vielleicht kann ich dann nebenberuflich Busfahrerin werden. Oder alkoholkrank.

E-Mail, die zweite

Frau Schug, immer hochgradig besorgt um ihren Sohn Jannis, der in meine Klasse geht, schrieb:

Sehr geehrte Frau Pause,
ich muss mich heute bei Ihnen melden, um Ihnen mein Leid zu klagen. Damit hoffe ich, dass sich im Umgang mit solchen Vorfällen, wie ich nun einen schildere, etwas ändern wird.

Mein Sohn besucht, wie Sie wissen, die AG Schulband. Deshalb nimmt er seine teure Trompete regelmäßig mit zur Schule. Das war mir schon immer ein Dorn im Auge, denn das Instrument ist sehr schwer und wertvoll.

Gestern trug sich nun auch noch Folgendes zu: Jannis verließ mit seiner Trompete morgens das Haus und kam **ohne Trompete** zurück. Sie können sich vorstellen, dass ich entsetzt war! Auf meine Fragen hat er mir erzählt, dass er nicht wisse, wo seine Trompete ist. Den **gesamten Schultag** hatte er sie bereits nicht mehr! Wie kann das denn sein?

Keine Ahnung! Diese Frage muss man Jannis stellen.

Wir haben den ganzen Nachmittag recherchiert, bis uns glücklicherweise eine befreundete Mutter angerufen hat. Ihr Sohn hatte Jannis' Trompete beim Bäcker entdeckt und mit nach Hause genommen! Nicht auszudenken, was ohne diesen glücklichen Zufall mit dem Instrument passiert wäre! Jannis hatte seine Trompete also früh beim Bäcker stehen lassen.

Aha. Das ist doch noch mal gut gegangen.

Was mich an dieser Sache unwahrscheinlich aufregt, ist, dass sich niemand von der Schule bei uns gemeldet hat. Das kann doch nicht sein! Den ganzen Tag ist Jannis ohne Trompete herumgelaufen, ohne dass jemand etwas dagegen unternommen hätte!

Wie denn? Ich wusste nichts von der verlorenen Trompete. Und leider hätte ich auch dann, wenn ich davon gewusst hätte, nicht meinen Unterricht beenden und stattdessen die ganze Stadt nach Jannis' Trompete absuchen können.

Nach dieser Nachlässigkeit überlege ich ernsthaft, meinen Sohn von der AG abzumelden.
    Mit freundlichen Grüßen,
    P. Schug

Am nächsten Tag erzähle ich dem Leiter der AG Schulband von der E-Mail. Dabei stellt sich heraus, dass Jannis mittwochs diese AG besucht – verloren hatte er seine Trompete aber montags. Es wusste also niemand von seinem Problem.

Macht aber nichts, ich werde natürlich veranlassen, dass sich im Umgang mit solchen Vorfällen etwas ändern wird. Folgender Vorschlag: Am Anfang eines jeden Schultages befragen die Klassenlehrer ihre Schüler einzeln über die Vollständigkeit ihrer mitgeführten Gegenstände. Das muss sein, denn eigenständig können die Schüler nicht Bescheid sagen. Der Lehrer macht sich Notizen, wenn einem Schüler etwas fehlt. Dann ruft er die betreffenden Eltern an, zieht sich die LsvGU (Lehrer-suchen-verlorene-Gegenstände-Uniform) an, am besten in Signalrot, und begibt sich auf die Suche. Wenn alle Gegenstände gefunden worden sind, kann der Unterricht beginnen. Wahrscheinlich wird das gegen 10:30 Uhr der Fall sein. Wenn sich die Suche verzögert, muss der Unterricht leider ausfallen.

E-Mail, die dritte

Herr Weinand ist bekannt im ganzen Kollegium und auch bei der Schulleitung. Er meldet sich nämlich sehr gerne bei uns, telefonisch und auch schriftlich. So schickte er mir folgende E-Mail:

Sehr geehrte Frau Pause,
ich habe heute bereits mit der Schulleitung telefoniert sowie mit der Klassenlehrerin meiner Tochter. Sie konnte

ich telefonisch nicht erreichen, deshalb melde ich mich auf diesem Wege.

Ich muss ehrlich zugeben, dass ich aufgrund meiner Erfahrungen nicht unglücklich darüber bin, für Herrn Weinand unerreichbar gewesen zu sein.

Sie unterrichteten meine Tochter gestern, am 12. 05., in der ersten Stunde. Auf dem Weg zur Schule hatte sie einen Fahrradunfall. Marie ging es schon in der ersten Stunde offensichtlich schlecht, sie humpelte und muss Schmerzen gehabt haben.

Das ist mir völlig neu.

Niemand hat sich meiner Tochter angenommen, und dies den ganzen Tag über nicht. Warum, frage ich Sie, haben Sie nicht die nötigen Schritte eingeleitet?

Ganz einfach: Ich wusste nichts davon. Marie saß wie immer an ihrem Platz und nahm an meinem Unterricht teil, als wäre nichts gewesen.

Marie erzählte mir, dass sich kein einziger Lehrer um sie gekümmert habe. Wenn ich meine Tochter in die Obhut der Schule gebe, gehe ich davon aus, dass Sie als Lehrerin Ihrer Fürsorgepflicht nachkommen. Weder Sie noch Ihre Kollegen oder die Schulleitung waren gestern dazu in der Lage. Sie haben Ihre Arbeit also nicht ordentlich erledigt, verlangen dies aber jeden Tag von Ihren Schülern.

Richtig, das verlange ich. Außerdem verlange ich, dass fünfzehnjährige, geistig normal entwickelte Mädchen, wie Marie eines ist, mich darüber informieren, wenn sie einen Unfall hatten, humpeln und Schmerzen haben. Telepathische Fähigkeiten habe ich nämlich nicht.

Ich war mit meiner Tochter beim Arzt, sodass sie um 17 Uhr endlich behandelt werden konnte. Das Verhalten der Schule ist im Hinblick auf diesen Vorfall ein Unding. Ich bitte auch Sie deshalb um einen Gesprächstermin.

Mit freundlichen Grüßen,

Weinand

Nett, oder? Ich frage mich, was Marie zu Hause eigentlich erzählt hat. Ganz sicher nicht, dass sie weder ihren Unfall noch ihre Schmerzen in irgendeiner Art und Weise kommuniziert hat.

Weil ich sauer bin, rufe ich Maries Klassenlehrerin Frau Speicher an, um mehr zu erfahren. Ich erfahre erstens, dass Marie ihren Unfall in der Schule überhaupt nicht erwähnt hat. Zweitens hat Frau Speicher sie sehr wohl auf ihr Humpeln angesprochen, als sie gesehen hat, wie eigenartig Marie die Treppe herunterkam. Marie behauptete daraufhin lächelnd, dass sie sich nur ein bisschen den Fuß verstaucht habe, nichts Schlimmes, ihr gehe es gut. Frau Speicher fragte, wie das denn passiert sei, und Marie antwortete lachend: »Ach, eine dumme Geschichte. Ist nicht wichtig.«

Frau Speicher hakte nicht nach, weil Marie ihr offensichtlich nichts über diese *Geschichte* erzählen wollte, und ging aufgrund der Reaktion außerdem davon aus, dass sich diese *Geschichte* nicht erst eben ereignet hatte. Zudem erzählt mir Frau Speicher, dass Marie von mehreren Kollegen nach ihrem Fuß gefragt worden war, aber niemanden über ihren Unfall, geschweige denn ihre Schmerzen, informiert hatte.

Ich erlaube mir nun zu spekulieren: Die fünfzehnjährige Marie fällt morgens mit dem Fahrrad hin. Sie verstaucht sich den Fuß dabei, sagt aber niemandem etwas davon, weil es ihr peinlich ist. Das passiert einem mit fünfzehn Jahren nämlich nicht mehr. Sie geht also ganz normal zur Schule und macht den Mund erst auf, als sie zu Hause auf ihren Herrn Vater trifft. Der fragt vielleicht: »Hat sich in der Schule denn keiner um dich gekümmert?«

Marie antwortet eventuell: »Nein, eigentlich nicht.«

Stimmt ja auch. Sie unterschlägt allerdings, dass sie niemandem von ihrem Fahrradunfall erzählt hat, denn dann würde ihr Vater vielleicht fragen, ob sie noch ganz richtig tickt.

Aber jemand wie Herr Weinand kommt natürlich nicht auf die Idee, sich von der Klassenlehrerin das unerklärliche Desinteresse der Schule erklären zu lassen, sondern startet seine üblichen Angriffe. Ich habe mit Herrn Weinand nicht gesprochen und auch sonst kein Kollege, denn dankenswerterweise hat sich die Schulleitung des Problems angenommen. Aber Marie habe ich gefragt, wieso sie zu Hause erzählt hat, dass sich keiner um sie gekümmert habe. Keine Antwort. Keine Antwort ist manchmal auch eine Antwort.

Mittagessen

In Ganztagsschulen gibt es ein Thema, das immer wieder für böses Blut sorgt: das Mittagessen. Schulkantinen haben generell keinen guten Ruf: Das angebotene Essen sei ungesund, oft zerkocht oder zumindest in geschmacklicher Hinsicht mangelhaft. In vielen Fällen stimmt das. In einigen Fällen stimmt es aber auch nicht. In unserer Schulmensa wird beispielsweise recht gutes Essen angeboten. Ich weiß das, weil ich selbst mindestens einmal in der Woche dort zu Mittag esse. Die Betriebskantinen, in denen ich bereits gegessen habe, und jede Universitätsmensa, die ich ausprobiert habe, waren schlechter.

Es ist Elternabend, der erste im neuen Schuljahr, bei dem die anstehenden Ereignisse und Neuerungen besprochen werden. Außerdem stellen sich die beiden neuen Fachlehrer meiner Klasse vor. So weit ist alles in Ordnung. Zum Schluss stelle ich als Klassenlehrerin die obligatorische Frage: »Gibt es von Ihrer Seite noch irgendetwas, das Sie fragen möchten, oder etwas, das jetzt angesprochen werden sollte?«

Ein Vater meldet sich zu Wort: »Also, ich muss Sie mal auf das Essen ansprechen. Meine Tochter hat immer Hunger, wenn sie nach Hause kommt. Das kann ja wohl nicht sein.«

»Das ist eigenartig«, sage ich, »hat sie mal erzählt, woran das liegt?«

»Natürlich. Sie kann immer nur ganz wenig essen.«

»Aber die Portionen sind eigentlich immer groß genug.«

»Ja, das ist es nicht. Aber es gibt jeden Tag Sachen, die sie nicht essen kann.«

Wahrscheinlich hat seine Tochter irgendeine Allergie oder eine Art von Unverträglichkeit, denke ich. Das kann ja auch schwierig sein. Deshalb frage ich, was sie denn nicht essen kann.

»Fast alles«, antwortet der Vater.

»Das ist natürlich nicht gut. Was hat sie denn, wenn ich fragen darf? Vielleicht kann man da was machen, wenn wir Bescheid wissen?«

»Wie, was hat sie?« Nadines Vater sieht mich verständnislos an.

»Na ja, welche Stoffe verträgt sie denn nicht?«

»Sie verträgt alles!« Wieder guckt er ganz irritiert.

Ich jetzt aber auch: »Und warum kann sie dann nichts essen?«

»Weil es ihr nicht schmeckt!«

Jetzt verstehe ich. Es ist nicht so, dass sie nichts essen *kann*, eher *möchte* sie nicht. Egal. Ich sage: »Eigentlich gibt es hier ganz gutes Essen, und wir haben ja auch eine gewisse Auswahl. Da kann sie sich doch für etwas entscheiden, das ihr schmeckt.«

»Nein, kann sie eben nicht!« Nadines Vater wird ungemütlich. »Hier gibt es immer das Gleiche, und nichts davon isst sie!«

Bitte? Wenn ich das ernst nehme, isst Nadine unter anderem folgende Dinge nicht: Nudeln, Reis, Kartoffeln, alle Gemüsesorten, Tomatensoße, Hackfleischsoße, helle Soßen, dunkle Soßen, Schnitzel, Bratwurst, Hackfleisch, Hühnerfleisch, Fisch, Würstchen, Eintöpfe, Suppen, Pudding, Quark, Obst, Salat. Das kann doch nicht sein! Ich sage:

»Das ist komisch. Die Auswahl ist wirklich nicht so klein. Heute Mittag habe ich auch hier gegessen. Da gab es Reis mit Hackbällchen und Tomatensoße, Gemüse-auflauf oder Fisch mit Kartoffelsalat. Man kann sich die Dinge ja auch anders zusammenstellen. Das müsste doch gehen.«

»Das hat sie mir erzählt, wollte sie alles nicht.«

»Was will sie denn?«, lautet meine Frage.

»Heute wollte sie zum Beispiel gerne Nudeln essen.«

Ach so. Nudeln kann ich also von der Liste der Dinge, die Nadine nicht isst, streichen. »Nun gut, die gab es heute nicht. Aber Nudeln kann man hier oft essen.«

Eine Mutter unterbricht den Dialog und wirft ein: »Meine Tochter erzählt auch oft, dass es nicht geschmeckt hat, und kommt hungrig nach Hause. Dann muss ich noch mal für sie kochen.«

Eine andere Mutter: »Meine auch!«

Ich wiederhole mich: »Das Essen hier ist nicht schlecht. Und eine gewisse Auswahl hat man immer. Da müsste jedes Kind etwas finden. Und wenn es wirklich einmal so ist, dass man gar nichts mag, muss man eben nur Nudeln und einen Nachtisch essen, oder Reis mit Soße, was weiß ich. So ist das eben.«

Ich komme mir etwas bescheuert vor. Hier sitze ich als Klassenlehrerin bei einem Elternabend und zähle verschie-dene Lebensmittel und deren mögliche Zusammenstel-lung auf. Reis mit Soße ... Quatsch mit Soße!

»Warum bietet die Schule nicht mehr an? Wir bezahlen doch dafür! Dann müssen unsere Kinder auch etwas essen können!«

Ja, sicher: Die Kinder bekommen hier gar nichts. Was soll die Schule denn noch anbieten? Froschschenkel, Weinbergschnecken, Palmenherzen und ein bisschen exotisches Finger Food, oder was? Und das alles für drei Euro pro Portion. Ich bin ein bisschen ungehalten. »Die Kinder können jeden Mittag wählen. Darüber, ob man die Auswahl noch vergrößern kann, kann ich nichts sagen. Da müssen Sie sich an andere Stellen wenden. Aber der Preis für ein Essen soll schließlich nicht zu hoch sein. Und mal ehrlich: Sie kochen doch zu Hause auch nicht fünf unterschiedliche Menüs.«

Einige Eltern nicken zustimmend. Immerhin sind hier nicht alle anderer Meinung als ich. Das ist beruhigend.

»Ich weiß ja auch, was mein Kind will! Sie können nicht fragen, was die Kinder essen wollen, das ist klar. Aber dann wäre es gut, wenn Sie mehr Auswahl schaffen! Man kann doch ruhig mehr als drei Gerichte anbieten! Das ist doch nicht schwer!«, ruft die Mutter von eben.

Ich verstehe das nicht. Wirklich nicht. Die Schule ist schließlich kein Restaurant. Und ob es so leicht ist, aus einer Schulmensa eines zu machen, bezweifele ich.

Ich will mich mit diesen Eltern jetzt nicht mehr über Kohlrabi und Kartoffeln unterhalten: »Ich werde Ihr Anliegen weiterleiten, und dann gebe ich Ihnen Bescheid, in Ordnung? Ich kann dazu jetzt nichts weiter sagen, da bin ich der falsche Ansprechpartner.«

Sie geben sich zufrieden, und kurz darauf beende ich den Elternabend. Später werde ich mich noch einmal mit den Möglichkeiten der Erweiterung der Essensauswahl befassen müssen, um den Eltern Rückmeldung geben zu können. Ich wollte ja schon immer Kantinenmanagerin oder Köchin werden. Deshalb arbeite ich jetzt als Lehrerin. Da ist man schlicht und einfach für alles zuständig.

Rauchen

Einige Schüler rauchen. Eine reichlich dumme Angewohnheit, die manche sich früher oder später zu eigen machen, die an Schulen aber natürlich verboten ist. So gibt es an fast jeder Schule einen Ort, an dem die schulpflichtigen Raucher sich am liebsten sammeln, um ihrem verbotenen Hobby zu frönen. Dort ist die Wahrscheinlichkeit, von einem Lehrer erwischt zu werden, eher gering, denn dieser Ort liegt irgendwo versteckt innerhalb oder gleich neben dem Schulgelände. Sobald die Schüler nicht mehr sicher sein können, an ihrem Rauchplatz unentdeckt zu bleiben, suchen sie sich einen neuen Ort. Das war bereits zu meiner Schulzeit so.

Bei uns wird eine durch Bäume und Büsche uneinsehbare Ecke ganz am Ende des Schulhofs bevorzugt. Die Schüler rennen gleich zu Beginn der Pause dorthin und hoffen, dass der aufsichtführende Lehrer noch nicht angekommen ist. Dann steckt man sich eine an und raucht, bis der Lehrer sich nähert. Als Aufsicht weiß man natürlich, was da vor sich geht, erwischt aber vergleichsweise selten einzelne Schüler, weil die Kippen schon längst weg sind, wenn man die Leute aus ihrer Ecke scheucht. Da man nicht wahllos Schüler beschuldigen kann, passiert ihnen in der Regel nichts. Wenn der Lehrer schneller ist als die

Schüler, haben sie Pech gehabt, denn dann können sie gar nicht erst anfangen zu rauchen. Und manchmal, wenn die Schüler nachlässig sind, erwischt man doch einen. Dann gibt es einen Tadel, der per Post an die Eltern geschickt wird.

Auch Calvin, Schüler der Klasse 9a, raucht. Dummerweise habe ich ihn letzte Woche dabei erwischt. Es ist nicht etwa so, dass ich mich möglichst unauffällig zur Raucherecke schleiche, um nur ja einen Tadel verschicken zu können. Aber Calvin war so blind, dass er mich erst gesehen hat, als ich bereits genau vor ihm stand, während er aus allen Körperöffnungen des Gesichts qualmte, die Tatwaffe gut sichtbar in der rechten Hand. Also ging es zur Schulleitung und der Tadel postwendend nach Hause. Das sind die Spielregeln.

Heute rufe ich bei ihm zu Hause an, nicht, um übers Rauchen zu sprechen, sondern weil er mir seit Wochen die Unterschrift seiner Eltern unter seinem schlechten Geschichtstest schuldet.

»Fuhrmann.«

»Hallo, Herr Fuhrmann. Hier spricht Pause, die Geschichtslehrerin von Calvin.«

»Ja?«

»Ich rufe nur an, um mich zu versichern, dass Sie Calvins Test gesehen haben. Das war eine Fünf, und er hat mir noch keine Unterschrift gezeigt.«

»Das weiß ich nicht mehr. Kann sein.«

»Gut, wenn nicht, wissen Sie's jetzt. Dann war's das schon.«

»Ja, in Ordnung.«

Ich will mich gerade verabschieden, da ruft Herr Fuhrmann in den Hörer: »Moment!«

»Ja?«

»Sind Sie nicht für Calvins Tadel verantwortlich?«

Soweit ich weiß, habe nicht ich geraucht. »Ich habe Ihren Sohn beim Rauchen erwischt«, sage ich.

»Und dann ein Tadel? Das ist doch völlig übertrieben!«

»So sind nun mal die Regeln. Ihr Kind darf in der Schule eben nicht rauchen.«

»Und wenn ich das erlaube? Da können Sie mir ja schlecht reinreden.«

»Laut Gesetz darf Ihr Sohn nicht rauchen. Und in der Schule muss er sich an die geltenden Regeln halten. Die kennt er schließlich.« Was soll das denn? Dann könnte ja jedes Elternteil alles erlauben, und wir Lehrer hätten Spaß: *Nenn deine Lehrerin ruhig Arschloch, mein Kind, das erlaube ich dir. Oder nimm mal ein Springmesser mit in die Schule. Das gefällt dir doch so gut. Ich erlaube es.*

»Und dann reagieren Sie mit einem Tadel?«, fragt Herr Fuhrmann.

»Was sollten wir denn tun, wenn ein Schüler beim Rauchen erwischt wird?« Ich bin gespannt.

»Überlegen Sie sich stattdessen doch mal, warum die Schüler überhaupt rauchen. Da sollte die Schule sich mal Gedanken machen. Warum rauchen die Schüler denn alle? Das hat doch einen Grund!«

Sollen wir jetzt therapieren, oder was? Den fünfzehnjährigen Calvin von der Zigarette entwöhnen? Leider können wir das nicht leisten. Und ich hoffe nicht, dass Herr Fuhrmann mir unterschwellig die Schule selbst als Ursache unterjubeln will: Die gegängelten Schüler müssen alle rauchen, damit sie es in der Schule überhaupt aushalten. Da gehe ich gar nicht drauf ein. Ich sage: »Wir leisten im Unterricht Präventionsarbeit. Mehr können wir leider nicht tun. Zudem rauchen hier weiß Gott nicht alle Schüler.«

Vielleicht sollte Herr Fuhrmann sich mal selbst überlegen, warum Calvin raucht. Ob er daran schon gedacht hat? Ach nein, er *erlaubt* es ihm ja lieber.

»Ich halte die Vorgehensweise der Schule für falsch, Frau Pause. Zumindest müssten Sie sich mit dem individuellen Fall beschäftigen und nicht einfach alle tadeln.«

Ich sage ja, therapieren. In Calvins Fall müsste man wahrscheinlich beim Vater ansetzen. Ich muss doch ein wenig deutlicher werden: »Wir haben einfach keine Zeit dafür, Herr Fuhrmann. Hier fällt so viel anderes an, was in unseren Aufgabenbereich gehört. Von der Zigarette entwöhnen können wir die Schüler leider nicht. Fragen Sie Calvin doch mal, warum er raucht, vielleicht finden Sie ja die Ursache.«

»Ich unterhalte mich genug mit meinem Sohn, das können Sie mir glauben!« Er wird ein bisschen grantig. Komisch. Ich muss mir alles stillschweigend anhören, und wenn ich mal nachfrage, fühlt man sich auf den Schlips getreten.

»Na gut«, sage ich, »wir müssen das Rauchen auf dem Schulgelände jedenfalls irgendwie ahnden. Calvin soll sich einfach an die Regeln halten, dann passiert so etwas nicht. Das können Sie ihm ja vielleicht auch noch mal sagen.«

»Nein, das sagen Sie ihm. Ich mische mich in Ihre Tadel nicht ein. Calvin darf ja rauchen. Ich wollte nur zum Ausdruck bringen, dass die Schule lieber mal pädagogisch arbeiten sollte, als einfach zu strafen.«

Ich kann und möchte dazu nichts mehr sagen. Ohne Ergebnis – mit welchem auch? – beenden wir das Gespräch. Aber Herr Fuhrmann hat sein eigentliches Motiv verraten: Er will sich nicht einmischen. Warum will er sich nicht einmischen? Das wäre Arbeit! Er müsste sich mit Calvin auseinandersetzen, zusehen, dass er sich benimmt, er müsste vielleicht sogar versuchen, Calvin davon zu überzeugen, das Rauchen aufzugeben. Das geht nicht. Das soll die Schule tun, aber bitte möglichst so, wie er das tun würde, wenn er denn würde.

Schüler haben Dienstmädchen

Wie wir sehen, gibt es durchaus Eltern, die sich sehr für ihre Kinder einsetzen, wenn in der Schule etwas schiefläuft: Beispielsweise stellen sie wegen schlechter Zensuren ihres Kindes die Lehrer unerbittlich zur Rede, verteidigen beherzt die persönlichen Freiheiten ihrer Sprösslinge, achten akribisch darauf, dass ihr Kind zuvorkommend behandelt wird, verteidigen es gegen zu großen Notendruck und pochen auf eine kulinarisch anspruchsvolle Ernährung. Mit großer Wahrscheinlichkeit wollen diese Eltern nur das Beste für ihre Kinder. Das Problem ist nur, dass sie das Beste für ihre Kinder immer von anderen wollen – nämlich den Lehrern.

In diesem Kapitel erzähle ich von einer ganz anderen Sorte Eltern. Diese sind meist weniger unverschämt und aggressiv mir gegenüber, verhalten sich jedoch objektiv betrachtet ebenfalls wunderlich.

Diese Sorte Eltern tut alles für ihre Kinder: Sie spielen Taxi, lesen ihren Kindern jeden Wunsch von den Augen ab und besorgen ihnen postwendend jeden technischen Firlefanz. Zugleich nehmen sie ihnen alle mehr oder minder unangenehmen Kleinigkeiten, die das alltägliche Leben durchziehen, ab. Tasche packen, Kram hinterherräumen –

keine Sorge, Mama und Papa machen das. Man kommt nicht umhin, sich zu fragen, ob sie als Dienstmädchen ihrer Kinder wenigstens ordentlich bezahlt werden. Inwiefern eine solche »Erziehung« jedoch auf ein selbstständiges Leben, abgeschnitten vom Rockzipfel der Mutter, vorbereitet, sei dahingestellt.

Jungen und Mädchen (Teil II)

Wir beginnen mit einer alten Bekannten und ihrem Sohn: Frau Balz und Kevin. Wie Sie bereits wissen, hält Frau Balz Jungen allgemein für benachteiligte Geschöpfe, die der Mädchendiktatur unterworfen sind und deshalb Fürsprecher brauchen. Nach diesem Grundsatz wird Kevin erzogen.

Nach der sechsten Stunde sitze ich im Lehrerzimmer und denke nach: Kevins Noten werden immer schlechter. Lange dachte ich, dass dies nicht möglich sei, weil seine Leistungen ohnehin kaum mehr Luft nach unten haben, aber da habe ich mich getäuscht. Ich als Klassenlehrerin muss mich bei Frau Balz melden, denn irgendetwas muss passieren. Also nehme ich den Hörer des Telefons aus den Achtzigerjahren – Schulen sind dermaßen gut ausgestattet! – in die Hand und rufe Frau Balz an.

»Hallo?«

Ich verstehe nicht, warum manche Menschen sich nicht mit ihrem Namen melden können. Das würde jedes Mal unnötige Fragerei ersparen.

»Hallo, hier spricht Pause, die Klassenlehrerin von Kevin.«

»Hallo.«

»Spreche ich mit Kevins Mutter?«

»Ja, hier ist Balz.«

Dann mal los: »Frau Balz, ich rufe an, weil Kevins Leistungen sich immer noch nicht verbessert haben. Im Gegenteil sogar. So wie es aussieht, fällt sein nächstes Zeugnis noch schlechter aus. Gerade heute hat sein Mathelehrer mir gesagt, dass er wahrscheinlich eine Sechs bekommen wird, wenn sich in den nächsten Wochen nichts grundlegend ändert.«

»Ach je, das ist nicht gut.«

»Nein, gar nicht. Kevin muss unbedingt etwas tun. Vielleicht könnten Sie ihm zu Hause zumindest in nächster Zeit etwas mehr auf die Finger schauen?«

»Ja, das muss ich dann unbedingt.«

»Beispielsweise könnten Sie mit ihm zusammen Hausaufgaben machen. Über Nachhilfe würde ich in Kevins Fall auch nachdenken.«

»Ja, da werde ich jemanden suchen.«

»Das wäre sicher sinnvoll.«

»Der arme Junge!« Frau Balz schaltet um auf einen weinerlichen Tonfall.

»Na ja, als arm würde ich ihn nicht bezeichnen. Kevin muss aber mal etwas tun!«

»Wissen Sie, Frau Pause, Kevin will ja besser werden. Das sagt er immer.«

»Aber mit der Arbeitseinstellung, die er an den Tag legt, funktioniert das nicht.«

»Ich weiß auch nicht, wie ich ihm noch helfen kann. Ich mache schon so viel.«

»Was tun Sie denn genau?«, frage ich. »Vielleicht können wir zusammen überlegen, wie Sie ihm noch besser helfen können.«

»Ach, alles Mögliche mache ich. Er braucht ja Zeit zum Lernen. Deshalb halte ich alles von ihm fern. Und das ist ja auch Arbeit für mich.«

»Lernt Kevin denn alleine?«

»Ja. Er sagt, das kann er am besten. Manchmal hilft ihm auch seine Schwester. Und die anderen sind dann immer ganz leise, damit Kevin nicht gestört wird.«

»So wie ich Kevin kenne, glaube ich nicht, dass er alleine so gut lernen kann.«

Wirklich nicht. Wahrscheinlich beschäftigt er sich dann mit allem anderen, aber nicht mit seinen Schulaufgaben. Deshalb frage ich nach: »Wo lernt er denn? Hat er Dinge um sich herum, die ihn ablenken könnten?«

»In seinem Zimmer. Da ist eigentlich nichts.«

»Kein Fernseher oder so?«

»Doch, einen Fernseher hat er. Aber er guckt eigentlich immer im Wohnzimmer Fernsehen. Der ist größer.«

»Also benutzt er den in seinem Zimmer dann nicht.«

»Doch, zum Playstation-Spielen. Und den Computer hat er. Da kann er auch spielen.«

Da kommen wir der Sache doch schon näher. Ich glaube nämlich nicht, dass Kevin abends in seinem Zimmer Hausaufgaben macht. Wahrscheinlich übt er »Zocken«, sonst nichts. Die Quantität und Qualität seiner Hausaufgaben lassen darauf schließen. Vielleicht kann Kevin ja später mal professioneller World-of-Warcraft-Spieler werden.

»Wissen Sie denn, ob er nicht Computer spielt, wenn er eigentlich lernen soll?«

»Er sagt, dass er lernt. Ich darf ihn dabei nicht stören.«

Man beachte: Frau Balz *darf das nicht.* Kevin hat es ihr verboten.

»Ehrlich gesagt, glaube ich das nicht, Frau Balz. Am besten wäre, wenn Sie die technischen Geräte zumindest eine Zeit lang aus Kevins Zimmer entfernen.«

»Oh, der Arme. Die hat er sich aber doch so sehr gewünscht.«

»Wenn die Schule aber darunter leidet? Ich würde das wenigstens ausprobieren.«

Frau Balz schweigt kurz. Für mich wäre das gar keine Frage! Ich verstehe nicht, wieso Frau Balz nicht selbst schon darauf gekommen ist.

»Na gut«, sagt sie schließlich, »ich bespreche das mit meinem Mann.«

»Okay. Das ist ein Anfang. Und hat Kevin irgendwelche Hobbys, die sehr zeitaufwendig sind und ihn abhalten könnten?«

»Nein. Er ist meistens am liebsten zu Hause. Und da muss er nichts machen. Er ist ja der Junge.«

Ich weiß nicht so genau, wovon Frau Balz spricht: »Was muss er nicht machen?«

»Ich mache den Haushalt. Ganz normal. Die Mädchen helfen beim Kochen und räumen mit auf, zum Beispiel nach dem Essen. Kevin kann dann schon lernen gehen. Sein Zimmer muss er auch nicht machen, das mache ich.«

O Gott! Wo leben wir denn? Kevin, der zwölfjährige Mann im Haus, tut keinen Handschlag, während die Balz-

Frauen den Haushalt schmeißen. In der Zeit spielt der Herr unsinnige Spielchen auf seinem Computer, von denen er sich am nächsten Morgen in der Schule ausruht. Super.

»Kevin könnte doch ruhig mithelfen und dann lernen. Ohne Computer und unter Aufsicht.«

Frau Balz lacht: »Im Haushalt kann er nicht helfen. Er kann das alles nicht.«

Verständlich, wenn er nie etwas tun musste. Und das erklärt auch, warum sein Tisch und sein Fach immer so grausam aussehen. Wahrscheinlich musste er noch nie irgendetwas aufräumen.

»Es wäre gar nicht schlecht, wenn er selbst auch ein bisschen Ordnung halten müsste. Dann könnte er seine Sachen in der Schule vielleicht auch besser organisieren.«

»Frau Pause!«, ruft Frau Balz, »das muss er doch nicht auch noch!«

Wie, *auch noch?* Von *auch* kann hier ja wohl keine Rede sein. Kevin macht ja sonst genau nichts. Aber Frau Balz erklärt weiter: »Später hat er ja bestimmt eine Familie, und dann geht er arbeiten. Dann muss er ja nicht aufräumen!«

So wie es um Kevin steht, geht er sicher nirgendwohin arbeiten, wenn er eine Familie hat. Seine Frau macht das für ihn. Zwischendurch führt sie den Haushalt und erzieht die Kinder, während Kevin Computer spielt. Wenn er irgendwohin möchte, wird ihm seine Ausgehkleidung angelegt, seine Familie trägt ihn in einer Sänfte zum gewünschten Ort und wedelt ihm dabei mit einem Fächer aus Pfauenfedern Luft zu. Ab und zu kommt das Fernsehen und filmt ihn als dicksten Menschen der Welt. »Kevin XXL« wird diese Sendung wahrscheinlich heißen, zu sehen ab

21:15 Uhr auf RTL II. Aber bevor es so weit kommen kann, muss Kevin erst die passende Frau aufgabeln. Ich sage: »Warum muss Kevin denn später nicht aufräumen?«

»Dazu sind doch die Frauen da!«, ruft Frau Balz.

Diese Antwort hatte ich erwartet. Ein Hoch auf die Emanzipation!

»Also, mittlerweile sehen die meisten Menschen das zum Glück anders. Ich kann mir nicht vorstellen, dass Kevin durchs Leben kommt, ohne sich um seinen Haushalt zu kümmern. Und bestimmt wohnt er doch auch eine Zeit lang mal alleine!«

»Das kann sein. Aber dann bin ich ja auch noch da. Und seine Schwestern außerdem.«

»Die sollen dann zu Kevin putzen gehen?«, frage ich.

»Warum nicht?«, bekomme ich zurück. War ja auch eine blöde Frage.

Ich bin versucht, mich aufzuregen und Frau Balz einen Vortrag zu halten. Tue ich aber nicht, denn ich will sie nicht sauer machen. Ich muss schließlich weiterhin mit ihr kommunizieren. Wenn ich freundlich bleibe, kann ich wahrscheinlich mehr ausrichten. Also sage ich nur: »Ich glaube nicht, dass es zeitgemäß ist, wenn Kevin nichts im Haushalt machen muss.«

Dann lenke ich das Gespräch wieder auf die schulischen Leistungen und bitte Frau Balz nochmals, Kevin beim Lernen zu kontrollieren sowie Fernseher, Spielekonsolen und Computer aus seinem Zimmer zu entfernen. Sie denkt immerhin darüber nach.

Kevin war bei der Klassenfahrt kurz darauf übrigens nicht in der Lage, sein Bett in der Jugendherberge selbst zu beziehen. Das könne er nicht. Die anderen Jungen in seinem Zimmer haben darüber gelacht, und siehe da: Innerhalb von einigen Minuten hat er es tatsächlich gelernt.

Radieschensalat

Während Frau Balz aufgrund veralteter Vorstellungen von Geschlechterrollen ihren Sohn Kevin nach Strich und Faden verwöhnt und verhätschelt, hat Frau Maier Gott sei Dank ein anderes Rollenverständnis. Beim Verwöhnen ihres Kindes jedoch steht sie Frau Balz in nichts nach.

Es ist Wandertag. Nachdem wir im Schwimmbad waren, grille ich mit meiner Klasse zum Ausklang auf einer dazu vorgesehenen Wiese in der Nähe der Schule und habe auch die Eltern der Kinder eingeladen. So kann man sich besser kennenlernen und ein wenig untereinander austauschen, denn so oft sieht man sich außerhalb der Schule schließlich nicht. Manche Eltern haben Salate gemacht oder Kuchen gebacken. Ich habe diverse Sorten Würstchen besorgt, die jetzt auf dem Grill liegen. Dort stehe ich und unterhalte mich mit Frau Maier über dies und das. Sie ist die Elternsprecherin der Klasse, die ich seit nun zwei Jahren leite, und ich verstehe mich mit ihr sehr gut. Selina, ihre Tochter, kommt dazu: »Frau Paaaausee?«

»Jaaaa?«

»Gibt es noch was anderes als Würstchen zu essen?«, fragt sie mich.

»Ja, Selina. Salate und Kuchen, steht doch alles hier.«

Selina verzieht das Gesicht. Frau Maier lacht und sagt: »Meine Tochter hat das Gegrillte gemeint. Das isst sie nicht.«

»Gar nichts?«, frage ich.

Selina schüttelt den Kopf.

»Meine Tochter ist halt wählerisch«, meint Frau Maier.

»Außerdem bin ich Vegetarierin«, setzt Selina hinzu.

Ich wundere mich: »Du hast doch gestern in der Mensa auch Spaghetti Bolognese gegessen. Da ist Hackfleisch drin.«

»Ja, ich weiß«, sagt sie, »manchmal esse ich schon Hackfleisch.«

Und Frau Maier: »Oder kleine Schnitzel, die die Mama macht. Ich lebe ja sonst auch vegetarisch. Das hat sie von mir. Wir essen ganz wenig Fleisch.«

Ich frage mich immer, warum Menschen behaupten, sie seien Vegetarier, wenn sie dann doch regelmäßig Fleisch zu sich nehmen. Gerade einen großen Grillteller beim Griechen bestellt, kommt sofort im Brustton der Überzeugung: Eigentlich bin ich ja Vegetarier!

»Aha«, sage ich, »dann nimm dir doch einfach Salat.«

Selina geht wieder zu ihren Mitschülern, und ich unterhalte mich weiter mit Frau Maier und anderen Eltern. Kurz bevor die Würstchen fertig sind, kommt Selina wieder:

»Mama, ich habe jetzt Hunger!«

»Wir sind gleich so weit, noch fünf Minuten«, antworte ich.

Frau Maier lacht wieder: »Nein, nein, Frau Pause. Das dauert Selina jetzt zu lang. Wenn sie Hunger hat, dann muss es sofort etwas geben, sonst wird sie grantig.«

Man muss doch auch mal fünf Minuten warten können, auch wenn man erst zwölf Jahre alt ist, oder nicht?

»Aha«, sage ich.

»Komm, Selina, ich hole dir schon mal dein Essen. Warte
hier«, meint Frau Maier.

Sie geht etwa sechs Schritte weiter nach links zu ihrer
riesigen Tasche und entnimmt ihr eine große Tupperdose, wühlt weiter und fördert außerdem ein ordentliches Besteck, eine Stoffserviette und einen verschließ-
baren Becher zutage. Selina wartet brav neben mir. Frau
Maier legt die sechs Schritte in unsere Richtung wieder
zurück und sieht sich um. »Setz dich schon mal hier
auf den Stein«, sagt sie zu Selina, legt die eben geholten
Gegenstände davor ab und geht wieder zu ihrer Tasche.
Sie zieht ein flaches Etwas hervor, das sich im nächsten
Moment als kleiner Klapptisch herausstellt. Selina wartet
brav sitzend auf ihrem Stein, und Frau Maier baut den
Klapptisch vor ihr auf. Darauf richtet sie ihrer Tochter das
Essen an.

»Das ist aber ein Service!«

»Ja, Frau Pause. So ist das bei uns. Alles für das Kind.«

Selina grinst. Ich muss auch grinsen. Da sitzt sie wie
eine Königin auf ihrem Stein am ordentlich gedeckten
Tisch, während ihre Mutter vor ihr kniet und versucht,
das heimische Esszimmer möglichst originalgetreu auf der
Schulwiese nachzubilden. Warum hat Frau Maier eigentlich keine Tischdecke dabei? Aus feinstem weißen Batist,
an den Rändern mit Blüten bestickt, das würde gut ins
Bild passen.

»Fehlt nur noch die Tischdecke!«, sage ich tatsächlich.

Frau Maier lacht wieder: »Die hatte ich auch schon dabei. Heute leider nicht.«

»Ooooh, Mama. Warum nicht?« Selina legt scheinbar Wert auf Vollständigkeit.

»Es war kein Platz mehr in meiner Tasche. Beim nächsten Mal wieder.«

Selina ist zufrieden mit der Antwort.

Frau Maier öffnet nun die Deckel der Plastikdosen und sagt:

»Guten Appetit, mein Kind.«

Selina beginnt zu essen, während ich fasziniert zusehe. Was führt sie denn da zum Mund? Kleine, kreisrunde weiße Scheibchen, dünn wie Papier, benetzt mit irgendeiner Soße. Ich kann beim besten Willen nicht erkennen, um was es sich handelt.

»Schmeckt's?«, fragt Frau Maier.

Selina nickt.

»Was ist das?«, frage ich.

»Radieschensalat!«, antwortet Frau Maier.

Ich gucke wieder zu Selina. »Gibt es die auch ganz in Weiß?«

»Nein, nein, Frau Pause. Die sind geschält!«

Ich fasse es nicht. »Was? Wieso?«

»Selina isst das so am liebsten, nicht wahr?«

Selina nickt und schaufelt Berge von geschälten Scheibchen in ihren Mund.

»Wie lange brauchen Sie denn dafür?«

»Och, das ist schon Arbeit. Aber die macht man ja gerne, wenn es dem Kind dann gut geht.« Sie lächelt mich an. Frau Maier ist einfach nett. Eventuell ein bisschen zu nett.

Ich lächele zurück, sage aber kopfschüttelnd: »Nie im Leben würde ich so viele Radieschen schälen. Da wird man doch wahnsinnig!«

Selina ruft mit vollem Mund: »Aber wenn es schmeckt? Meine Mutter kann Ihnen ja auch mal so einen Salat machen!«

Alle lachen, auch Frau Maier und ich. Dann sind die Würstchen fertig.

Die anderen Kinder haben auf der Wiese von Papptellern gegessen und sich richtig eingesaut. Getrunken haben sie Wasser oder Limonade. Selina hatte in ihrem Becher übrigens Johannisbeersaftschorle, wie sich später noch herausstellte.

Drei Tage später, am letzten Schultag, kam Frau Maier kurz in die Klasse, in der Hand eine Tupperdose für mich. Was darin war, kann man sich vorstellen. Der Salat war köstlich!

Autokorso

Bisher habe ich Ihnen immer von einzelnen Eltern erzählt. Jetzt geht es um ein wirkliches Massenphänomen, das meinen Kollegen und mir den Alltag erschwert.

Bei uns beginnt die erste Stunde um acht Uhr. Als ich an meiner Schule angefangen habe, bin ich immer so von zu Hause losgefahren, dass ich gegen 7:40 Uhr das Schulgebäude betreten konnte. In der Zeit kann ich normalerweise kopieren, in mein Fach und auf den Vertretungsplan schauen und einen kleinen Kaffee trinken. Bereits nach etwa einer Woche musste ich mein Zeitmanagement korrigieren, aber nicht etwa, weil es nicht funktioniert hätte, sondern wegen der Eltern.

MONTAG:

Es ist 7:35 Uhr. Ich bin ein wenig spät dran und brauche noch etwa zehn Minuten, bis ich die Parkplätze an meiner Schule erreiche. Im Kopf gehe ich durch, was ich vor der ersten Stunde noch erledigen muss: ein Arbeitsblatt kopieren und kurz mit dem Konrektor sprechen. Das kommt hin. Die Schule liegt erhöht auf einem kleinen Berg, eigentlich ganz hübsch. Dieser Hügel ist gerade so hoch, dass man die kleine Stadt von dort aus überblicken kann. Eine kurze Stichstraße führt zu Schule und Parkplatz. Es gibt nur diese Straße, eine Sackgasse mit Wendehammer, und die Parkplätze befinden sich als lange Reihe auf der rechten Seite entlang des letzten Drittels der Straße.

Ich biege gerade nach rechts ab, um den Berg zu erklimmen, als ich stoppen muss. Stau. Scheiße. Alle diese Gefährte wollen den Hügel hoch. Wieso? Da ist doch nur die Schule.

Es geht keinen Meter voran. Mittlerweile ist es 7:50 Uhr. Ich komme zu spät, wenn es jetzt nicht weitergeht. Nach kurzem Überlegen drehe ich, stelle mein Auto unten ab und gehe zu Fuß den Berg hoch. In der Schule angekommen, kopiere ich und komme fünf Minuten zu spät zur ersten Stunde.

DIENSTAG:

Es ist 7:30 Uhr. Gleich komme ich zu der besagten Straße. Ich bin gut in der Zeit und werde mich im Lehrerzimmer noch ein wenig unterhalten können, vielleicht sogar einen großen Kaffee trinken, bevor der Unterricht losgeht. Ich biege nach rechts ab und: Stau. Was soll das? Ich warte fünf Minuten und tue das Gleiche wie gestern. Kaffee gibt es nicht mehr und auch keine Unterhaltung. Ich muss mich sogar hetzen, aber ich bin pünktlich.

In der Pause frage ich meine Kollegen, wieso vor der ersten Stunde Schlangen von Autos den Schulweg versperren. Die grinsen wissend und sagen: »Eltern.«

»Was wollen die denn alle hier?«

»Sie fahren ihre Kinder zur Schule.«

»Es fahren doch aber auch Busse!«

Meine Kollegen zucken mit den Schultern: »Die wollen ihre Kinder fahren.«

Super.

MITTWOCH:

Ich habe aus meinen Fehlern gelernt und alles, was ich sonst vor der ersten Stunde erledige, nach der Schule gemacht. Das heißt, dass ich am Dienstag länger dageblieben bin und in einem Raum mit Computer meine Vorbereitungen – soweit es ging – getroffen habe, um dann zu kopieren. In diesen Stau stelle ich mich heute nicht mehr. An einer Tankstelle auf dem Weg kaufe ich mir einen Kaffee und trinke ihn im Auto. Um 7:55 Uhr, so mein Gedanke, müssten die meisten Eltern weg sein, und ich kann parken, ohne alle meine Sachen schon wieder den Berg hochschleppen zu müssen. Ich muss nichts mehr erledigen und kann dann sofort pünktlich in die erste Stunde gehen.

Ich komme am Berg an. Stau! Was zur Hölle machen die hier? Ich kann das nicht begreifen. Schimpfend sitze ich in meinem Wagen und warte. Ich parke nicht mehr unten. Das können die vergessen! Ich bleibe. Genau wie die Eltern.

Immerhin geht es etwas schneller hinauf als die beiden Tage zuvor. Um 8:02 Uhr komme ich zu den Parkplätzen. Und? Voll! Es ist zum Kotzen. Ich schreie ein Mal laut und will schon wieder drehen, als sich ein Auto anschickt, wieder herauszufahren. Den Platz nehme ich. Wieder zu spät.

Nach der sechsten Stunde – ich werde meinen Unterricht heute wieder zu Hause vorbereiten – gehe ich zu meinem Auto. Was sehe ich? Zugeparkt. Und wieder eine hübsche Schlange von Eltern, die ihre Kinder jetzt persönlich abholen. Da sitzen sie in ihren Wagen und warten, bis die Schüler kommen und einsteigen. Schade nur, dass in dem Auto, das vor dem Heck meines Gefährts steht, niemand am Steuer zu sehen ist.

Erbost öffne ich für alle sichtbar meine Fahrertür und knalle meine Tasche auf den Sitz. Da meldet sich eine Mutter, die weiter hinten hält:

»Wollen Sie raus?«

Nein. Wie kommt sie darauf? Ich wollte meine Karre voll da vorne vor die Wand setzen.

»Ja!«

»Ina ist bestimmt gleich wieder da. Normalerweise bleibt die immer sitzen. Ich wundere mich selbst. Die muss bestimmt kurz noch was in der Schule regeln.«

Na dann. Da bin ich ja beruhigt. Wenn Ina nur kurz was regeln muss, dann macht das ja nichts.

Nach 15 Minuten kommt Ina im Laufschritt und mit den Armen wedelnd um die Ecke: »Ach, entschuldigen Sie!«, ruft sie, »aber hier gibt's ja keine Parkplätze!«

Wem sagt sie das! Ich habe keine Lust, mich jetzt auch noch zu streiten, nicke einfach mit dem Kopf – allerdings mit angesäuertem Gesicht – und steige in meinen Wagen.

DONNERSTAG:

Heute bin ich schon um 7:15 Uhr an der Stichstraße. Siehe da: Ich kann hochfahren! Und sofort parken! Ja! Ich bin zwar unheimlich früh dran, aber was soll's. Diese Eltern habe ich überlistet.

Als ich aussteige, hält neben mir ein großes Auto. Einer meiner neuen Schüler, Christopher, ein Zehntklässler, steigt auf der Beifahrerseite aus. Seine Mutter, nehme ich an, zwängt sich aus der anderen Tür, öffnet den Kofferraum und übergibt ihrem Sohn seine Schultasche. Christopher grüßt mich und geht Richtung Schule.

»Ah, guten Morgen!«, sagt die Mutter. »Sie sind bestimmt Frau Pause!«

»Richtig«, sage ich, »guten Morgen.«

»Ich bin Christophers Mutter.«

»Ah ja, das dachte ich mir.«

»Sie sind aber früh dran!«

»Ja, in den letzten Tagen war hier morgens immer ein Stau, wenn ich später gefahren bin.«

»Ich weiß, dann kommen alle!« Sie lacht.

»Sagen Sie, warum fahren eigentlich alle Eltern ihre Kinder hierher? Es fahren doch Busse.«

Sie überlegt. »Wissen Sie, die Busse sind für viele nicht zumutbar. Ich fahre meinen Sohn ja auch. Es ist in den Bussen einfach zu laut für ihn. Wenn man ein bisschen sensibel ist, kann man sich da wirklich schlecht reinsetzen. Da ist ja ein ganz schlimmer Lärmpegel – und dann das Geschubse vor den Türen!« Sie schüttelt den Kopf. »Ich will das meinem Sohn nicht zumuten.«

Lustig. Wenn Christopher so sensibel und lärmempfindlich ist, dann frage ich mich, warum er im Schulflur vor jeder Stunde herumbrüllt, dass einem die Ohren wegfliegen. Gerade gestern noch habe ich beobachtet, wie er auf einen seiner Klassenkameraden zugerannt ist, ihn angesprungen hat, sodass dieser kaum noch das Gleichgewicht halten konnte, und ihm dann ins Ohr schrie: »EEEEYYY, DIGGAAAA!!!!« Das war gut hörbar, muss man sagen, und zwar nicht nur für den Angesprungenen, sondern auch für alle, die sich auf dem Flur dieses Stockwerks befanden.

Christophers Mutter erzählt weiter: »Und der Schulweg ist ja auch gefährlich! Wer weiß, wer da hinter der nächsten Ecke steht! Man liest und hört ja so einiges.«

Genau. Es ist höchst wahrscheinlich, dass der 1,80 Meter große und schätzungsweise 90 Kilogramm schwere Christopher auf seinem Schulweg – zum Bus vielleicht 300 Meter in der Pampa und dann ins Schulgebäude etwa 70 Meter in den Slums von Geheimstadt – von der nächsten Omi angefallen und entführt wird. Überhaupt bewegen wir uns in Geheimstadt auf einem gefährlichen Pflaster. Brennende Mülltonnen und Schwerverbrecher, wo man nur hinsieht. Kinder können da nicht alleine auf die Straße.

»Na ja, so gefährlich ist es hier ja nicht. Und die Schüler müssen doch auch irgendwie selbstständig werden«, sage ich.

»Schon«, antwortet die Mutter, »aber dafür ist ja noch viel Zeit. Man will ja nur das Beste für sein Kind.«

Ein Totschlagargument. Solange man *nur das Beste* für sein Kind will, ist fast alles zu rechtfertigen. Ich bezweifele aber tatsächlich, ob es das Beste ist, Taxifahrer für sein Kind zu spielen, wenn es die Möglichkeit gibt, dass dieses Kind eigenverantwortlich seinen sicheren Schulweg zusammen mit anderen Schülern zurücklegt – ganz abgesehen von meinen eigenen Nachteilen beim Parken.

Christophers Mutter muss weiter, verabschiedet sich und steigt in ihr Auto. Ich hätte ja noch Zeit zum Plaudern. Stattdessen gehe ich in die Schule und denke noch ein wenig über dieses Taxifahren nach.

Im Laufe der Zeit habe ich immer wieder mit Schülern unterschiedlichen Alters darüber gesprochen. Wenn man diese fragt, warum sie sich zur Schule fahren lassen, wo es doch auch Busse gibt, bekommt man immer die gleiche Antwort. Sie lachen und sagen, dass das doch viel bequemer sei. Man muss dann nämlich nicht laufen und kann länger schlafen – nichts mit Lärmbelästigung oder Gefahr. Eine meiner Schülerinnen wird jeden Morgen mit dem Auto gebracht, obwohl sie nur 400 Meter von der Schule entfernt wohnt. Das ist der Berg, den ich laufe, wenn der Stau zu lang ist.

Freitags habe ich übrigens die erste Stunde frei. Da gibt es keinen Stau. Und wenn ich meinen Unterricht nach der sechsten Stunde beende, bleibe ich meist noch ein wenig, um nicht in meinem zugeparkten Auto warten zu müssen, bis sich jemand herablässt, mich rauszulassen. Abgesehen davon, bin ich dazu übergegangen, viel zu früh in die Schule zu fahren. Das ist bequemer. Ich bin nämlich zu faul, morgens 400 Meter den Berg hochzulaufen.

Schuhe, Taschen und Turnbeutel

Schüler mögen es nicht nur, kutschiert zu werden, sie überlassen ihren Eltern auch gerne lästige alltägliche Pflichten, die sie durchaus selbst erledigen könnten. Warum sollten sie sich auch um Dinge kümmern, die ihnen bereitwillig abgenommen werden?

Es ist Freitag. Meine Klasse hatte in den ersten beiden Stunden Sport. Jetzt kommen sie zu mir. Doppelstunde Deutsch. Als Vanessa den Raum betritt, sehe ich, dass ihre Schnürsenkel offen sind.

»Vanessa, du musst dir noch die Schuhe binden.«

»Ja, ich weiß.«

Gut. Wir begrüßen uns. Heute gibt es eine Gruppenarbeitsphase. Danach sollen die Schüler sich gegenseitig ihre Ergebnisse vorstellen, indem sie sich neu mischen. An jedem Tisch sitzt dann ein Mitglied der zuvor gebildeten Arbeitsgruppen, sodass am Ende alle informiert sind. Man nennt diese Vorgehensweise *Gruppenpuzzle*. So etwas ist methodisch ganz toll, lernt man im Referendariat. Ich habe in der Praxis gelernt, dass man danach am besten alles noch einmal im Plenum bespricht, damit nicht alles falsch ist, was die Schüler sich gegenseitig erzählen. Das Puzzle könnte man sich also eigentlich sparen, aber das nur nebenbei.

Die Schüler tauschen gerade ihre Plätze, als ich sehe, wie Vanessa über ihre Schnürsenkel fällt. Sie kann sich gerade so am Tisch abfangen.

»Vanessa, jetzt binde dir endlich mal die Schuhe zu«, sage ich.

Sie nickt zögerlich, setzt sich auf einen Stuhl und beugt sich nach unten. Da bleibt sie. Mit dem Kopf unter dem Tisch sitzt sie in ihrer neu gebildeten Gruppe und ward nicht mehr gesehen. Pascal ruft mich schließlich: »Frau Pause, Vanessa stellt uns nichts vor!«

Ich gehe hin und beuge mich ebenfalls unter den Tisch. »Was ist los, Vanessa?«

»Ich kriege die Schuhe nicht zu«, flüstert sie kaum hörbar.

»Warum denn nicht?« Die Schnürsenkel sehen ganz gewöhnlich und intakt aus.

»Ich kann das nicht.«

Ich reiße die Augen auf. Vanessa ist jetzt in der sechsten Klasse. »Wie, du kannst das nicht?«

»Ich kann keine Schuhe binden.«

Ich bin entsetzt. »Wie kriegst du sie denn sonst zu?«

»Mit Klettverschluss. Die anderen Schuhe bindet mir meine Mutter.«

»Hat sie dir denn nicht gezeigt, wie das geht?«

»Doch, ein Mal. Aber ich habe nicht richtig zugeguckt.«

Kopfschüttelnd binde ich Vanessa die Schuhe und gebe ihr leise zu verstehen, dass sie das lernen muss, da ruft mich ein anderer Schüler: »Frau Pause, Marvin hat gar nichts dabei. Der kann uns jetzt nichts erklären!«

Ich gehe zum entsprechenden Tisch. »Was hast du denn die ganze Zeit gemacht, Marvin?«

»Zugeguckt.«

Noch ein Nachteil von Gruppenarbeiten: Irgendeiner macht immer gar nichts, ohne dass man etwas davon bemerkt.

»Toll. Das war ja eine Spitzenleistung.«

Marvin sieht mich stumm an.

»Wo sind deine Sachen?«

»Zu Hause.«

»Da bringen sie dir nichts.«

»Ja, ich weiß. Meine Mutter hat vergessen, sie einzupacken.«

Hä? »Wie, machst du das nicht selbst?«

»Nein, nie. Meine Mutter kennt ja meinen Stundenplan. Ich kann nichts dafür.«

Und er hat sogar recht. Seine Mutter hat die Deutschsachen vergessen.

»Marvin, du musst lernen, deine Tasche selbst zu packen. Oder du guckst wenigstens mit. Das ist dein Job.«

Er zuckt mit den Schultern. »Meine Mutter macht das aber lieber selbst, wenn ich keine Lust habe. Ich vergesse immer so viel.«

Im nächsten Moment klopft es an der Tür. Simon, der in deren Nähe sitzt, öffnet. Herein kommt Frau Herding, die Mutter von Pia. »Entschuldigen Sie die Störung, Frau

Pause, aber ich wollte meiner Tochter den Turnbeutel bringen.«

Sie hält den Beutel hoch und lässt ihn hin und her schaukeln.

Pia ruft: »Mama! Du bist viel zu spät! Ich habe dir doch gesagt, dass wir in den ersten beiden Sport haben!« Pia scheint richtig wütend zu sein. Böse funkelt sie ihre Mutter an: »Jetzt habe ich wegen dir einen Strich gekriegt!«

Frau Herding lächelt etwas beschämt: »Entschuldigung. Dann nehme ich ihn wohl wieder mit. Tut mir leid. Tschüss!«

»Tschüss!«, rufen ihr alle hinterher, inklusive mir, aber sie ist schon halb verschwunden.

»Pia, warum sollte deine Mutter für deinen Strich verantwortlich sein?«, frage ich.

»Ich hatte meine Mutter schon um halb acht angerufen, damit sie mir die Sportsachen bringt. Das hat sie nicht gemacht.«

»Und *du*? Warum hast *du* sie nicht direkt mitgenommen?«

»Vergessen.«

»Komisch. Du hast sie vergessen? Mit deinem eigenen Kopf? Nicht deine Mutter?«

Pia lächelt ein wenig, denn sie weiß, was gemeint ist.

Der Rest der Doppelstunde verlief ohne Zwischenfälle dieser Art. Vanessa, Marvin und Pia stellen aber keine Ausnahmen dar. Es kommt immer häufiger vor, dass Eltern ihren Kindern all die Dinge abnehmen, die den Kindern Mühe bereiten oder Eigenverantwortung abverlangen. Warum tun sie das? Sie sind selbst arbeitsscheu. Vanessas

Mutter müsste sich mit ihr hinsetzen und ihr das Schuhe-binden ordentlich zeigen. Marvins Eltern müssten darauf bestehen, dass er seine Tasche packt, und zwar richtig, und Pias Eltern müssten es aushalten, dass sie schreit, wenn sie ihre eigene Vergesslichkeit ausbaden muss. All dies bedeutet, dass man sich mit seinem Kind auseinan-dersetzen muss, auch wenn es anstrengend wird. Einfa-cher ist es da, alles selbst zu erledigen. Man erspart sich Zeit und Ärger.

Vanessa konnte drei Wochen später noch immer keine Schuhe binden. Ich habe es ihr in einer Mittagspause, die ich ohnehin in der Schule verbringen musste, beigebracht. War gar nicht soooo schwer.

Justine und die Großstadt

Ein großer Teil der Schüler, über die ich in diesem Kapitel schon berichtet habe, gehören zu den jüngeren – Gott sei Dank. Etwa ab der neunten Klasse können die meisten sich dann doch gegen die Eltern durchsetzen und lassen diese nicht mehr an ihre Schultasche. Schuhe binden und Betten beziehen können sie in dem Alter auch. (Wer weiß, was ich alles nicht weiß.) Doch dann kommen andere Hür-den, die es zu überwinden gilt.

Ich sitze in der großen Pause im Lehrerzimmer und unterhalte mich mit Herrn Schippe, einem Kollegen. In zwei Wochen findet ein Wandertag statt, bei dem Herr Schippe mit seiner Klasse, einer zehnten, in die nächstge-legene Großstadt fahren möchte, um ein Museum zu besuchen und im Anschluss daran ein wenig Freizeit in der Big City zu verbringen. Seine Schüler sind etwa 16 Jahre alt. Die Stadt, die besucht werden soll, hat etwa 200 000 Einwohner, es handelt sich also nicht um eine wirklich große Großstadt.

Die Schüler haben dort die Möglichkeit, sich eigenständig in kleinen Gruppen in der Stadt zu bewegen. Sie dürfen nicht einzeln herumlaufen und können sich jederzeit telefonisch beim Lehrer melden, wenn es irgendein Problem geben sollte – was bei mir noch nie vorkam. Normalerweise kann man die Schüler ab der siebten Klasse problemlos in diesen Kleingrüppchen losschicken. Aus rechtlichen Gründen muss man als Lehrer die Eltern darüber informieren. Diese unterschreiben einen Zettel, auf dem steht, dass ihr Kind sich mit einigen Mitschülern für eine gewisse Zeit selbstständig in der Stadt bewegen darf. Tun sie dies nicht, muss der betreffende Schüler den ganzen lieben langen Tag am Rockzipfel seines Lehrers verbringen.

An diesem Morgen müssen Herr Schippe und ich unsere Unterhaltung unterbrechen, weil er zu einer der Schulsekretärinnen gerufen wird. Nach zehn Minuten kommt er kopfschüttelnd mit einem Brief in der Hand zurück.

»Das musst du dir mal ansehen«, sagt er und setzt sich.

Ich nehme den Brief und lese:

Sehr geehrte Damen und Herren,
heute erhielt ich von meiner Tochter Justine einen
Elternbrief. Darin wurde über den Wandertag
informiert. Die Klasse 10b soll nach Großstadt
fahren, um dort das Technikmuseum zu besuchen.

Dazu bereits mein erster Einwand: Warum muss
man ins Technikmuseum nach Großstadt fahren,
wenn wir hier genug Museen haben, die viel einfacher
zu erreichen sind? Die Schüler sollen sich doch in
ihrer Heimat auskennen. Reicht es denn nicht mehr
aus, ein kleineres, aber feines Museum in Geheimstadt zu besuchen? Der Weg nach Großstadt muss
nicht sein. Warum sollte mein Kind sich in einen
überfüllten Zug und in die Straßenbahn setzen,
wo eventuell Menschen mitfahren, die den Kindern
etwas wollen. Man weiß ja, wer heute alles in
öffentlichen Verkehrsmitteln sitzt.

Zudem sollen wir als Eltern zustimmen, dass
unsere Tochter sich in Großstadt frei bewegen
darf. Dies werden wir nicht tun und wir denken,
dass auch die anderen Eltern sicher nicht damit
einverstanden sind. Es ist viel zu gefährlich, die
Kinder auf eigene Faust gehen zu lassen, das
müsste eigentlich auch Herrn Schippe klar sein.
Sie können sich verlaufen und nicht mehr nach
Hause finden. Außerdem weiß keiner, wem die
Kinder in der Stadt begegnen und in welche
Gefahren sie dabei gebracht werden. Sie kennen

sich schließlich nicht aus und können die Menschen noch nicht einschätzen.

Wir als Eltern möchten auf keinen Fall, dass der Wandertag in dieser Form stattfindet. Wir haben uns über die Jahre alle Mühe gegeben, dass unsere Tochter sicher aufwächst, sie begleitet und geschützt. Wir erwarten auch von der Schule, dass sie in diesem Sinne handelt.

Entscheidet sich Herr Schippe trotz dieser Argumente, mit den Kindern nach Großstadt zu fahren, behalten wir uns vor, Justine entweder zu begleiten oder vom Wandertag abzumelden.
Mit freundlichen Grüßen,
Johannes und Ruth Lebsius

Hat man da noch Worte? Justine ist 16 Jahre alt. Was stellen sich Herr und Frau Lebsius denn vor? Möglicherweise erscheint ihnen folgendes Szenario wahrscheinlich: Justine und Konsorten werden bereits morgens um acht Uhr im öffentlichen Verkehrsmittel von Dealern bedrängt, die ihnen allerlei Drogen verabreichen. Herr Schippe, die Schaffner und alle anderen Fahrgäste, alles hochgradig zwielichtige Gestalten, möglicherweise sogar Ausländer, sehen dabei zu oder machen mit. Herr Schippe schleppt seine zugedröhnten Schüler dann ins Technikmuseum, wo sie lauter überflüssige Dinge gezeigt bekommen, die die Welt von Geheimstadt nicht braucht. Die, die den Drogen nicht zum Opfer gefallen sind, schleifen sich anschließend in die lebensgefährliche Innenstadt und lassen sich piercen und tätowieren, bis der Arzt kommt. Herr Schippe fährt derweil schon einmal nach Hause, weil er keine Lust hat, sich auf diesem Pflaster zu bewegen. In der Fußgängerzone treffen die nun halb toten Schüler auf Scharen von Mördern und Vergewaltigern. Fast alle bleiben auf der Strecke. Diejenigen, die das Inferno Wandertag überleben, verenden elendig bei H&M, weil sie nicht mehr nach Hause finden. Mehr als wahrscheinlich!

Die gute Justine scheint ihren Eltern überdies nicht wirklich vertraut zu sein. Man hört von den Schülern doch so einiges. Ich weiß zum Beispiel, dass die behütete Justine gemeinsam mit ihrer Klasse schon einige feuchtfröhliche Feste gefeiert hat. Discos kennt sie auch von innen, und die befinden sich nicht in Geheimstadt. Was ich nicht weiß, kommt natürlich noch hinzu, und das ist mit Sicherheit nicht wenig.

Entgeistert sehe ich Herrn Schippe an. »Spinnen die?«

Mehr weiß ich nicht zu sagen. Herr Schippe nickt, um sofort wieder den Kopf zu schütteln. Er erzählt: »Bis in die achte Klasse hinein war Justine komplett überfordert mit allem Neuen, weißt du noch?«

Ich kann mich erinnern, denn damals hatte ich die Klasse in Geschichte.

»Die Eltern haben alles für sie übernommen«, erklärt Herr Schippe weiter, »das Sprechen, die Hausaufgaben, die Auswahl der Freunde – bis Justine ausgebrochen ist. Jetzt können sie sie kaum noch halten, weil sie alles nachholt.«

»Wissen die Eltern denn, was ihre Tochter so macht?«, frage ich.

»Ich denke, dass sie nicht alles wissen. Aber sie kriegen schon etwas mit. Frau Lebsius hat mir auch schon ihr Leid geklagt: Sie käme mit Justine nicht mehr zurecht und so weiter. Das kennst du ja.«

Ich nicke, denn so etwas kenne ich natürlich. Das sind hilflose Eltern, die sich bei uns über ihre Probleme mit den Kindern auslassen. Manche resignieren, aber Familie Lebsius scheint davon weit entfernt.

»Was machst du denn jetzt?«

»Ich rufe an und mache denen klar, dass die große Reise durchaus ihren Sinn hat und dass sicher keiner entführt wird«, sagt Herr Schippe.

Was bleibt ihm auch anderes übrig?

Das Telefonat hat stattgefunden, aber die Eltern von Justine waren nicht zu überzeugen. Justine ist dennoch mitgefahren, wahrscheinlich gegen den Willen ihrer Beschützer. Als Teilzeitdienstmädchen für die eigenen Kinder muss man also aufpassen. Ganz schnell kann sich der Herr gegen das Personal wenden, und dann hat man ausgedient – und zwar nicht nur als Butler, sondern auch als Vorbild, als Erzieher oder als Vertrauter. Und das auch, wenn man diese Rolle auf Teufel komm raus behalten will. Justines Eltern haben ihr nie beigebracht, sich in der Welt zurechtzufinden. Jetzt bringt sie es sich eben selbst bei.

Im Zoo

Herrn Schippes Wandertag ging also in die Großstadt. Meiner ging zur gleichen Zeit in den nächsten Zoo, denn meine Klasse war zu diesem Zeitpunkt erst in der sechsten Jahrgangsstufe. Mit von der Partie war auch Metin, ein netter Junge, der mir an diesem Tag aber allerlei Mühe gemacht hat.

Morgens um acht Uhr treffen wir uns alle, meine Klasse, ein Referendar und ich, vor dem zuvor bestellten Bus, der uns zum Zoo bringen soll. Draußen ist es relativ kühl, was im September schon einmal vorkommen kann. Alle tragen deshalb einen Pulli und eine Jacke. Nur Metin steht im T-Shirt da.

»Wo ist denn deine Jacke, Metin?«, frage ich.

Ich kenne das aus den großen Pausen: Schüler ziehen einfach nichts an, egal, wie tief die Temperaturen draußen sind. Hinterher wundern sie sich, wenn ihnen kalt ist, oder behaupten sogar, sie könnten nicht an die frische Luft gehen, weil das auf keinen Fall auszuhalten sei.

»Ich brauche keine.«

»Aber es ist kalt heute Morgen!«

»Im Bus ist es doch warm, Frau Pause!«

Gut, da hat er recht. Ich sage nichts mehr, weil der Bus schon um die Ecke biegt. Wir alle steigen ein und fahren gut gelaunt zum Zoo.

Metin sitzt in meiner Nähe. Unvermittelt fängt er an zu erzählen: »Frau Pause, meine Mutter ist jetzt ein paar Tage nicht da!«

»Aha, wo ist sie denn?«

»Im Krankenhaus.«

»Das tut mir leid, Metin. Was hat sie angestellt?«

»Och, nichts. Ich habe nur noch einen Bruder gekriegt.«

Ich hatte gar nicht gewusst, dass Frau Erim noch einmal schwanger war. Na ja, muss ich ja auch nicht unbedingt wissen. »Das ist doch schön!«

Metin lächelt ein wenig. »Ja, er heißt Ferhat.«

Dann guckt er wieder ernst auf die Rücklehne des Sitzes vor sich.

»Freust du dich nicht?«

Er überlegt. »Geht so.«

Was soll ich da sagen? Manche Kinder sind eben zuerst einmal skeptisch, wenn sie ihren Status als Alleinherrscher verlieren.

»Das wird schon«, sage ich, »warte mal ab, später kannst du mit deinem Bruder alles Mögliche machen. Und jetzt ist er bestimmt auch ganz niedlich.«

Metin nickt und guckt schon ein bisschen weniger ernst. Die anderen erzählen ihm von ihren Geschwistern, gut so.

Am Zooeingang angekommen, verlassen wir den Bus. Ich bezahle und teile der Klasse Blätter aus: eine Rallye durch den Zoo mit einigen Fragen zu den Tieren. In Gruppen laufen die Schüler los. Der Referendar und ich gehen zuerst einmal zu den Affen – ich gehe immer zuerst zu den Affen – und bemerken sofort, dass einer große Ähnlichkeiten zu einem unserer Kollegen aufweist, als Sören angerannt kommt: »Frau Pause!«

»Schrei nicht so. Ich kann dich hören!«

»Metin kann nicht mitmachen!« Er schreit natürlich immer noch genauso laut.

»Wieso das denn nicht?« Ich sehe bereits vor mir, wie Metin mit einem gebrochenen Bein oder Schlimmerem im nächsten Graben liegt.

»Es ist zu kalt!«

Ich sehe, wie auch Metin langsam näher kommt. »Zieh dir doch bitte jetzt die Jacke an!«, rufe ich.

»Er hat keine!«, antwortet Sören.

Metin ist bei uns angekommen.

»Es ist doch viel zu kalt so. Warum hast du denn keine Jacke dabei?«

»Vergessen. Meine Mutter ist ja nicht da.«

»Aber du weißt doch, dass es nicht warm genug ist.« Abgesehen davon hat Metin einen Vater.

»Meine Mutter legt mir sonst immer alles hin. Das ziehe ich dann an.«

»Okay, aber du hast doch schon gemerkt, dass es kalt ist, als du aus dem Haus gegangen bist.«

»Ja, schon. Mein Vater hat mir aber nur das hingelegt.«

Väter! Die arbeiten immer nur halb richtig. Man kann wahrscheinlich von Glück sagen, dass Metin sich nicht ganz selbstständig anziehen musste, dann wäre er wohl nackt gekommen.

»Dein Vater hat bestimmt gedacht, dass du dir die Jacke nimmst, wenn du rausgehst.«

»Kann sein«, sagt Metin.

Der Referendar hat zufälligerweise noch einen Pulli dabei, den Metin jetzt anzieht, um sich daraufhin wieder zu seiner Gruppe zu gesellen. Wir laufen ein wenig herum und schauen uns an, was die Schüler so treiben. Zur Essenspause treffen wir uns alle am Reptilien- und Insektenhaus.

Alle packen ihre Brote aus. Manche bitten darum, sich etwas kaufen zu dürfen. Alles ist in Ordnung, nur Sören informiert mich erneut über ein Problem: »Metin hat gar nichts dabei, Frau Pause!«

»Hat dir dein Vater nichts mitgegeben?«, frage ich Metin.

Das würde mich eigentlich wundern. Sonst führt Metin immer Dosen mit sich, in denen sich liebevoll zusammen-gestellte Köstlichkeiten befinden.

»In meinem Rucksack ist nichts zum Essen.« Er öffnet seine Tasche und sieht genau hinein, um sich noch einmal zu versichern.

Sören hängt seinen Kopf ebenfalls über Metins Ruck-sack. »Der ist ja ganz leer!«

»Hast du einen leeren Rucksack mitgenommen?«, fragt der Referendar Metin.

Der nickt und wird sauer. Dann schreit er: »MANN EY! Mein Vater hat mir nichts eingepackt!«

Mich belustigt das Ganze ein wenig. »Du musst doch ge-merkt haben, dass die Tasche viel zu leicht ist.«

»Ja, Mann. Ich dachte, ich hab leichtes Essen, Frau Pause!«

Ich muss mich zurückhalten, damit ich jetzt nicht laut lache.

Metin ist richtig wütend. »Der hat mir auch nicht ge-sagt, wo meine Stifte sind! Ich hab ja GAR KEINE!«

Es ist aus. Ich lache. »Wieso merkst du das denn erst jetzt? Du hättest doch schon längst einen gebraucht!«

Sören klärt mich auf: »Er hat gesagt, dass er nicht weiß, wo seine Stifte sind. Da habe ich ihm einen gegeben.«

Der Referendar staunt: »Sagt dir deine Mutter jeden Morgen genau, wo deine Sachen sind, Metin?«

»Klar! Sonst weiß ich ja nicht, wo sie sie hingetan hat!«
Metin pfeffert seinen Rucksack auf den Boden.

»Reg dich doch nicht so auf«, sage ich, »ich leihe dir
Geld für ein Brötchen, und dann guckst du morgen mal
selbst, ob du deine Sachen hast. Dazu bist du alt genug.
Und wenn du etwas nicht findest, fragst du deinen Vater.«

Er grummelt vor sich hin. Dann bekommt er unvermittelt einen zweiten Wutanfall. »Meine Mutter hätte das ja
auch vorher erledigen können! Oder mein Vater fragt sie!
DAS IST DOCH NICHT SO SCHWER!«

Für mich ist der Zeitpunkt gekommen, mit dem Lachen
aufzuhören. »Metin, jetzt krieg dich mal ein. Es ist auch
nicht so schwer. Es ist sogar so leicht, dass du selbst nachsehen kannst, ob du alles hast.«

»Ja, ich mache das auch«, sagt Lena.

Ein paar Schüler nicken zustimmend, und Metin scheint
sich langsam zu beruhigen. Ich nehme ihn mit zum Kiosk
und kaufe ihm ein Käsebrötchen und eine Flasche Apfelschorle.

Um 15:30 Uhr treffen wir wieder in der Schule ein.
An der Bushaltestelle warte ich, bis ich weiß, dass alle
Schüler sicher auf dem Nachhauseweg sind, denn das
muss man tun. Um 16 Uhr steht Metin noch immer neben
mir, wieder wutentbrannt. »Jetzt kommt der einfach nicht!
MANN!«

»Vielleicht habt ihr euch nicht richtig verstanden. Wartet dein Vater vielleicht woanders?«

»Ich werde immer hier abgeholt!«

Nach weiteren zehn Minuten reicht es mir, und ich rufe
bei Erims zu Hause an. Metins Vater meldet sich, ich er-

kläre ihm die Situation. Er ist verwundert und auch etwas beschämt. »Ich habe meinem Sohn gesagt, dass unser Wagen kaputt ist. Wie soll ich ihn da abholen? Ich dachte, er läuft!«

Metin hat das wohl nicht gedacht, deshalb teile ich ihm die Neuigkeit mit.

»Das hat er mir nicht gesagt! Ich werde IMMER abgeholt!«

Man muss wissen, dass Metin etwa 600 Meter zu laufen hat, bis er zu Hause ist – das alte Taxiproblem.

»Ich glaube, dein Vater ist davon ausgegangen, dass du mitdenkst. Ohne Auto kannst du nicht abgeholt werden. Und dein Weg ist nicht weit, also gehst du zu Fuß.«

»Aber mit RUCKSACK?!«

Dazu muss man wohl nichts mehr sagen.

Metin ist zu Fuß gegangen, es blieb ihm schließlich nichts anderes übrig. Am nächsten Tag habe ich ihn gefragt, ob er den schweren Weg überlebt habe. Im Zuge dessen erfuhr ich auch, dass sein Vater ihm doch Pausenbrote geschmiert hatte. Sie warteten jedoch geduldig auf der Kommode im Flur darauf, dass Metin sie einpacken würde, genau wie die Stifte.

Beim nächsten Elterngespräch habe ich Metins Mutter vom Wandertag berichtet und ihr gesagt, dass es gut wäre, ihrem Sohn ein wenig mehr Verantwortung für seine Sachen zu übertragen. Sie sträubte sich sichtlich und meinte, dass daraus lange Diskussionen mit Metin entstehen würden, für die sie keine Zeit habe. Sie hat aber Zeit dazu, ihrem Sohn alles hinterherzutragen. Komisch. Hoffentlich gründen Kevin Balz und Metin Erim nach der

Schule eine WG. Daraus könnte man eine Reality-Sitcom machen: Zwei Paschas unter sich. Das wird super!

Hausbesuch

Hausbesuche mache ich nur sehr, sehr selten. Die meisten Eltern sind in der Lage, Termine in der Schule wahrzunehmen. Ich glaube überdies nicht, dass sich viele freuen würden, wenn plötzlich der Lehrer vor der Tür stünde. Das hat wahrscheinlich etwas mit dem Privatleben der Familie zu tun. Da würde ich stören, denn ich repräsentiere ja sozusagen den Job des Kindes. Ein paar Hausbesuche habe ich trotzdem vorzuweisen, und von einem möchte ich erzählen.

Lisa Werkmann geht in die siebte Klasse, und ich unterrichte sie in Deutsch. Leider werden ihre Leistungen immer schwächer, zudem vergreift sie sich regelmäßig im Ton. Als ich ihr beispielsweise vor einiger Zeit eine mündliche Note gegeben habe, die ihr nicht passte, hat sie die Augen aufgerissen und hin und her gerollt, wild den Kopf geschüttelt und empört gezischt: »Ich glaub's ja nicht. Das ist doch wohl nicht Ihr Ernst! Tssss!«

Dazu habe ich zuerst einmal gar nichts gesagt, sondern angesetzt, um ihr die Note zu begründen. Das durfte ich aber nicht.

»Sie brauchen mir gar nicht zu sagen, was Sie meinen. Ist schon gut. Sie machen ja sowieso, was Sie wollen.«

Darauf habe ich reagiert. Das folgende Gespräch drehte sich dann nicht mehr um ihre mündliche Leistung, sondern um passende akustische und gestische Ausdrucksformen. Lisa sammelt jedenfalls fleißig Klassenbucheinträge von jedem ihrer Lehrer, weil sie sich unangemessen äußert, und dabei ist mein Beispiel noch ein sehr harmloses.

Ihre Mutter weiß von den momentanen Schwierigkeiten ihrer Tochter. Da sie unbedingt mit mir persönlich sprechen möchte, sich aber ein Bein gebrochen hat, weit draußen in der Pampa wohnt und zurzeit nicht Auto fahren kann, habe ich ihr angeboten, nach der Schule vorbeizukommen. Sie war froh darüber, und wir haben einen Termin für Mittwochnachmittag ausgemacht.

Zur vereinbarten Zeit biege ich in die kleine Straße, in der Lisa und ihre Mutter wohnen. Es handelt sich um ein winziges, renovierungsbedürftiges Haus, an dem von oben bis unten der Putz abblättert. Davor parkt Frau Werkmanns Auto, in keinem besseren Zustand als das Haus. Ich klingele. Nach einiger Zeit öffnet Frau Werkmann die Tür. »Hallo, Frau Pause. Schön, dass Sie kommen konnten.«

Ich trete in einen engen Flur. Frau Werkmann weist mir den Weg in die Küche, nur ein paar Schritte.

»Ich brauche ein bisschen länger, Sie sehen ja«, sagt sie und deutet auf ihren Gips. Ich nicke und gehe vor, Frau Werkmann humpelt umständlich hinter mir her. In der Küche treffe ich auf Lisa, die entspannt auf einem Stuhl hängt und mit ihrem iPhone Musik hört. Da sie mich nicht bemerkt, tippe ich sie an.

»Hhhha!« Nachdem sie diesen Laut ausgestoßen hat, legt sie theatralisch die Hand auf die Brust. »Haben Sie mich erschreckt.«

Ich lache. »Hallo, Lisa!«

»Hallo.«

Mittlerweile ist auch Frau Werkmann angekommen.
»Kann ich Ihnen etwas zu trinken anbieten?«

»Ja, ein Wasser wäre nett«, sage ich.

Frau Werkmann macht alle Schränke auf, die jeden
Moment auseinanderzufallen drohen, und stellt fest, dass
kein Wasser mehr in der Küche zu finden ist.

»Das macht nichts, ich nehme auch gerne Leitungswas-
ser.«

»Nein, nein. Im Keller gibt es welches. Schön kalt.«

Dann dreht sie sich um und macht sich humpelnd auf
den Weg. Lisa hört derweil schon wieder Musik und macht
keine Anstalten, sich zu bewegen.

Also rufe ich: »Soll nicht lieber ich runtergehen, Frau
Werkmann?«

»Nein! Das wäre ja noch schöner!«

Also nicht. Ich ärgere mich ein wenig über Lisa,
aber ich will nicht sofort wieder die meckernde Lehrerin heraushängen lassen, zumal ich bei Werkmanns zu
Hause bin und nicht in der Schule. In solchen Situationen weiß ich manchmal nicht genau, wann und ob ich
dem Kind etwas sagen sollte. Frau Werkmann kommt
wieder mit zwei Flaschen Mineralwasser in den Händen. Sie kann kaum damit laufen, sodass ich ihr sie ab-
nehme.

»Vielen Dank.«

»O Mama! Hast du jetzt keine Apfelschorle mitgebracht,
oder was?« Lisa entfernt genervt einen Ohrstöpsel.

»Ach, nein. Das habe ich vergessen.«

Frau Werkmann dreht sich wieder um und macht sich erneut auf den Weg. Lisa hängt da. Ich kann mich nicht zurückhalten.

»Lisa!«

»Ja?«

»Meinst du nicht, du könntest in den Keller gehen? Deine Mutter kann doch kaum laufen.«

»Ich gehe nie in den Keller. Das macht immer sie.«

»Aber sie hat doch jetzt einen Gips!«

»Das macht doch nichts. Dann braucht sie halt ein bisschen länger.«

Ich schüttele den Kopf. Lisa guckt, als hätte ich nicht mehr alle Tassen im Schrank, ruft dann aber: »Mama! Soll ich dir helfen?«

Aus dem Keller tönt es: »Nein, geht schon!«

»Sehen Sie?« Lisa fühlt sich bestätigt und macht sich noch länger auf ihrem Stuhlbett.

Dann kommt Frau Werkmann mit der Apfelschorle. Sie gießt uns allen etwas zu trinken ein.

Lisa trinkt. »Bäh! Mama, das ist aber nicht die richtige!«

»Ich weiß, Schatz. Sie hatten nur noch diese. Ich kaufe morgen die andere.«

»Warum warst du denn nicht noch in dem anderen Supermarkt gucken?«

»Ich hatte keine Zeit mehr, weil Frau Pause ja um drei Uhr kam.«

Lisa sieht mich bedeutungsschwanger an. Wahrscheinlich wirft sie mir in ihrem hübschen Köpfchen vor, dass ich ihr den Genuss der *richtigen* Apfelschorle vereitelt habe. Das ist mir aber egal. Ich glotze zurück.

»Was ist?«, fragt sie.

»Nichts«, sage ich und trinke mein Wasser.

»Lisa, geh du am besten jetzt in dein Zimmer, damit ich mit Frau Pause sprechen kann.«

»Sie kann ruhig hierbleiben, das wäre gar nicht schlecht«, werfe ich ein.

»Mir ist es eigentlich lieber, wenn ich mal alleine mit Ihnen reden kann.«

Lisa ist bereits aufgestanden und wackelt genervt hinaus. Frau Werkmann sieht mich an. »Wie benimmt sie sich denn bei Ihnen? Auch so schlimm wie bei den anderen Lehrern?«

Ich erzähle Frau Werkmann von Lisas ständig überzogenem Ton und auch von einigen ihrer Ausrutscher, beispielsweise von dem mit der mündlichen Note. Die Mutter wirkt recht verzweifelt über ihre Tochter und schüttelt immer wieder verständnislos den Kopf.

Mittendrin platzt Lisa herein und schreit: »Mama, ich brauche zwanzig Euro!«

Frau Werkmann sagt ihrer Tochter nicht etwa, dass man andere Menschen nicht einfach unterbricht, wenn sie ein Gespräch führen, sondern fragt: »Wofür denn, Schatz?«

»Ich muss so ein T-Shirt wie Lena haben. Guck!«

Sie hält ihrer Mutter das iPhone vor die Nase.

»Muss das diesen Monat noch sein?«, fragt Frau Werkmann.

»Sonst würde ich ja nicht fragen, Alter!«

Ich kann es kaum glauben. Da sitze ich und erzähle Frau Werkmann von Lisas verbalen Entgleisungen in der Schule und erlebe hier nichts anderes. Nur, dass Frau Werkmann nichts, aber auch gar nichts dazu sagt. Sie scheint nicht einmal zu bemerken, wie Lisa mit ihr umgeht, sondern führt die Befehle ihrer Tochter anstandslos aus. Wenn ich von ähnlichen Ausbrüchen erzähle, ist sie allerdings geschockt. Seltsam. Auch jetzt gibt sie Lisa das verlangte Geld. Die nickt nur mit dem Kopf, anstatt sich wenigstens zu bedanken, und macht sich auf, um dieses fantastische T-Shirt zu besorgen. Frau Werkmann stöhnt.

»Alles klar?«, frage ich.

»Ach, wenn diese Geldsorgen nicht wären. Jeden Cent muss ich umdrehen. Sie sehen ja, wie es hier aussieht. Es müsste so viel gemacht werden.«

Ich muss einfach nachfragen: »Wieso haben Sie Lisa denn nicht gesagt, dass sie die 20 Euro nicht bekommen kann? Sie hätte sicher auch ohne dieses Shirt überlebt.«

Frau Werkmann lächelt. »Klar. Aber seinem Kind möchte man doch etwas Gutes tun.«

Bei Lisa ist es eventuell etwas zu viel des Guten gewesen. Im Hinblick auf die Verhaltensprobleme in der Schule frage ich Frau Werkmann, ob ihr am Benehmen ihrer Tochter zu Hause nichts auffällt.

»Nein.«

»Aber Lisa war doch gerade auch sehr unhöflich zu Ihnen.«

»Ach was, das meint sie doch nicht böse. Sie ist nur impulsiv.«

»In der Schule benimmt sie sich auch so. Und darüber sind Sie doch alles andere als glücklich.«

»Ich bin ja ihre Mutter. Das ist doch etwas anderes.«

Da bin ich mir nicht so sicher. »Lisa kann trotzdem nicht mit Ihnen umspringen, wie sie will, nur weil Sie ihre Mutter sind, oder?«

Frau Werkmann schweigt kurz. Dann sagt sie: »Sie kann auch sehr lieb sein. Und sie tut mir eben leid, sie hat es schließlich nicht leicht.«

Soweit ich sehe, hat es Lisa sogar ganz schön leicht. »Wieso das?«

»Es ist eben so wenig Geld da. Sehen Sie sich um«, meint sie und deutet auf die Einrichtung.

»Das ist schwierig für Sie selbst, das glaube ich wohl. Aber Lisa bekommt ja anscheinend trotzdem, was sie möchte. Sie hat doch alles.«

Lisa hat in der Schule wirklich immer das Neueste vom Neuesten, egal ob technische oder textile Ausstattung. In Urlaub fährt sie auch alle naselang, und nicht etwa an die Nordsee oder in den Schwarzwald, Lisa fliegt beispielsweise nach Singapur. Frau Werkmann erinnert mich indes an die Geschichte vom Zappelphilipp: »Und die Mutter blicket stumm auf dem ganzen Tisch herum« – nur, dass sie zwischendurch ein Plätzchen isst. Nach einer Weile hebt sie den Kopf, sieht mich fest an und tut kund: »Wenn ich Lisa kritisiere, dann rastet sie aus. Darauf habe ich keine Lust.«

Ups, also ist der Frau doch bewusst, was hier vor sich geht. Sie wollte nur nicht sagen, dass ihr der Antrieb fehlt, Lisa Einhalt zu gebieten. Und jetzt haben wir Lehrer den Salat.

Ich antworte: »Ich glaube nicht, dass sich Lisas Verhalten in der Schule großartig ändern kann, wenn sie hier völlig freie Hand hat.«

Frau Werkmann nickt. Toll. Ich lenke das Gespräch auf Lisas Leistungen, weil ich nicht weiß, was ich sonst sagen soll. Als das besprochen ist, will ich gehen und sage, bereits in der Tür, zu Frau Werkmann: »Vielleicht könnten Sie Lisa doch ein bisschen öfter an Höflichkeitsregeln erinnern.«

»Ich weiß nicht. Aber Sie können das in der Schule auf alle Fälle machen!«

Das denke ich mir. Ist ja auch viel einfacher. Lisa geht mit allen Menschen in ihrer Umgebung um, als seien sie ihre Dienstmädchen, weil ihre Mutter sie nach Strich und Faden verwöhnt, verhätschelt, bedient und dabei leider nicht wirklich erzieht. Macht nichts. Wir können das übernehmen. Zwei Monate später hatte Lisa übrigens das neueste iPhone. Wie sie das bezahlen konnte? Raten Sie mal.

Mein Kind muss beachtet werden!

Natürlich wäre es generell wünschenswert, sich möglichst ausgiebig mit jedem einzelnen Schüler befassen zu können – keine Frage. Das ist allerdings nicht immer machbar, und der Wunsch nach Exklusivbehandlung führt in manchen Fällen ein wenig weit.

Eltern möchten, dass man alles, aber wirklich alles, für ihr Kind tut, und dass auch noch andere Schüler da sind, die ebenfalls Ansprüche anmelden, ist ihnen völlig egal. Das eigene Kind ist Prinz und muss auf jeden Fall eine Sonderbehandlung genießen. Wenn es die nicht bekommt, hat dies Konsequenzen – natürlich für den Lehrer und die Schule. Oder die Eltern lechzen selbst nach Aufmerksamkeit. Ab und zu wollen auch sie einmal im Mittelpunkt des Interesses der Lehrer stehen.

Einige der folgenden Geschichten hätten wahrscheinlich auch in die ersten beiden Kapitel gepasst: Sich darüber zu beschweren, dass der Lehrer das eigene Kind nicht genug beachtet, geht damit einher, zu glauben, die Schule mache nicht genug oder der Lehrer seinen Job nicht richtig. Bei den Eltern dieses Kapitels fällt jedoch auf, dass sie besonders ichbezogen agieren. Nur der eigene Sprössling und sie selbst sind wichtig, sonst nichts. Zudem legen sie besonderen Wert auf den Vergleich. Ein anderes Kind durfte in der letzten Unterrichtsstunde mehr sagen? Geht nicht! Die Mitschüler hatten einen scheinbaren Vorteil bei der letzten Klassenarbeit? Geht gar nicht! Das eigene Kind hebt öfter die Hand als andere? Es ist hochbegabt! Die Tochter hat sich gestern mit einer Klassenkameradin gestritten? Sie wird gemobbt! Viele dieser Eltern verhalten sich also unsozial. Wen wundert es da, wenn ihre Kinder dieses Verhalten ebenso an den Tag legen.

ADHS und Alzheimer

Das kennen Sie wahrscheinlich noch aus Ihrer eigenen Schulzeit: Es gibt Schüler, die fahren eine vermeintlich schlaue Taktik, um ihre Mitarbeitsnote zu verbessern. Sie heben den Arm, während der Lehrer dabei ist, jemand anderen dranzunehmen. So können sie behaupten, gut mitzuarbeiten, obwohl sie selten etwas zum Unterricht beitragen, weil sie meist auch nichts beizutragen haben. Wenn sie den Zeitpunkt zum Melden einmal schlecht abpassen oder der Lehrer wider Erwarten ganz schnell umschwenkt, kommt meist folgende Antwort: »Ääh ... hab's vergessen.« Alzheimer.

Ich selbst bediente mich als Schülerin ab und an dieser Taktik, deshalb kenne ich sie gut. Und Tim aus der neunten Klasse baut im Fach Deutsch ausschließlich darauf. Tims Mitarbeitsnote ist aufgrund dieses Verhaltens nicht so gut, zudem macht er nie Hausaufgaben. Seinen Arm habe ich sehr wohl einige Male registriert, aber nie eine

Antwort erhalten, wenn er eine geben sollte. Außerdem ist er oft unaufmerksam und spielt lieber mit Radiergummis oder vergleicht seine Oberarmmuskeln mit denen seines Sitznachbarn. Vielleicht will er gucken, ob sein Bizeps wächst, wenn er dreimal pro Stunde seinen Arm hochreißt, um ihn gleich wieder herunterzunehmen.

Heute teile ich den Schülern einzeln ihre mündlichen Noten mit. Ich rufe Tim zu mir.

»Tim, du weißt, deine mündliche Leistung ist nicht gerade die beste. Du hörst viel zu oft nicht zu. Regelmäßig fehlen die Hausaufgaben, und deine Stimme höre ich kaum.«

Er steht da und hört sich alles an, ohne zu reagieren.

»Das ist leider nicht mehr als ausreichend.«

Jetzt werden seine Augen groß. »Aber ich melde mich doch!«

»Das stimmt, manchmal tust du das. Aber du sagst meistens nichts, wenn du drankommst.«

»Ab und zu sage ich was!«

»Einmal im Monat ist zu selten. Das weißt du.«

Tim steht da und weiß nicht so recht, was er sagen soll. Dann kommt: »Ja, gut. Ich versuche, mich zu verbessern.«

»Mach das. Ich glaube auch, dass du sehr wohl besser sein könntest, wenn du dich zusammenreißt.«

Tim geht. Natürlich ist er unzufrieden, aber da muss er durch.

Einen Tag später habe ich ein kleines Zettelchen von der Sekretärin im Fach, auf dem steht, dass ich mich bei Tims Mutter melden soll. Nachmittags rufe ich also bei ihr an.

»Hallo?«

»Frau Rau?«

»Ja?«

»Hallo. Hier spricht Pause. Sie hatten mich gebeten, mich wegen Tim zu melden.«

»Ah ja. Gut, dass Sie anrufen. Ich bin nämlich schon etwas enttäuscht, kann man sagen.«

»Worum geht es denn?« Ich kann mir denken, dass sie die Mitarbeitsnote meint. Ich wüsste nicht, was hier sonst Thema sein könnte, aber fragen muss man schließlich.

»Um die Vier natürlich!«

Siehste. »Hat Tim Ihnen erklärt, wie die Note zustande kam?«

»Ja, Sie sagen, er meldet sich nicht genug.«

»Richtig. Unter anderem.«

»Tim hat erzählt, dass er sich mindestens genauso oft meldet wie Sarah. Und die hat eine Zwei. Das geht ja eigentlich nicht.«

Soll ich jetzt mit Frau Rau über Sarah reden? Ääh ... nein.

»Sarah ist ein anderer Fall, Frau Rau. Bei Tim ist das Problem, dass er nichts sagt, wenn er drankommt. Dann hat er seine Antwort meistens vergessen.«

»Das kann doch mal vorkommen!«

Oje. Eigentlich habe ich Besseres zu tun, als dieses Gespräch zu führen. »Ja, aber nicht in neunzig Prozent der Fälle.«

»Frau Pause, Sie wissen schon, dass Tim ADHS hat?«

Gähn! Ich weiß! An der sogenannten Aufmerksamkeitsdefizit-/Hyperaktivitätsstörung leidet heute ja praktisch jeder Zweite. Das heißt aber nicht, dass er auch Alzheimer hat.

»So was passiert bei dieser Krankheit.«

»Frau Rau, bei Tim passiert das entschieden zu oft. Bei ADHS vergisst man nicht ständig, was man sagen wollte.«

Ich bin versucht, klar zu sagen, dass Tims Vergesslichkeit Kalkül ist. Ich warte aber noch, denn ich kann mir vorstellen, dass Frau Rau von dieser These nicht begeistert sein wird.

»Vielleicht muss er einfach öfter drangenommen werden? Es kann doch nicht sein, dass er sich meldet und nur so selten etwas sagen darf, dass dieser Eindruck entsteht. Tim hat auch gesagt, dass andere viel öfter drankommen.«

Jetzt muss ich wohl. »Andere melden sich auch einfach öfter. Und Tim meldet sich außerdem erst dann, wenn ich gerade jemand anderen aufgerufen habe.« Seine Berechnung dabei lasse ich weg.

»Er braucht einfach ein bisschen Zeit! Das ist so bei ADHS!«

Okay. Ab jetzt warte ich immer, bis auch Tim sich meldet, selbst wenn wir dann die ganze Stunde schweigend dasitzen und ihn betrachten. Das würde Frau Rau gefallen. Ob Tim das so schön fände, weiß ich allerdings nicht. Zudem kann Tim bei anderen Dingen, die nichts mit dem Unterricht zu tun haben, rasend schnell reagieren. Komisch, oder?

»Ich warte immer ein wenig, Frau Rau.«

»Ja gut, aber Tim ist etwas Besonderes! Der braucht seine Zeit! Da müsste er wenigstens einen Nachteilsausgleich bekommen.« Wo hat sie das denn her?

Sie fährt fort: »Dilek bekommt den ja auch. Ich verstehe nicht, warum Tim noch nie so was hatte.« Frau Rau ist offenbar bestens über alle anderen informiert. Oder doch nicht so gut?

»Dileks Muttersprache ist Türkisch. Sie kam erst vor einem Jahr und spricht noch nicht richtig Deutsch. Das ist etwas anderes!«

Frau Rau scheint am anderen Ende der Leitung zu überlegen. Dann sagt sie: »Da bin ich mir nicht sicher. Ich werde mich da mal informieren.«

Soll sie doch.

»Von Ihnen verlange ich trotzdem, dass Sie vermehrt auf Tim achten. Er muss seine Nachteile einfach immer in Kauf nehmen. Das ist nicht richtig.«

»Ich werde auf ihn achten. Das tue ich sowieso. Aber Sie dürfen nicht vergessen, dass ich gleichzeitig noch viele andere Schüler habe.«

»Ja, ich weiß. Tim braucht das aber.«

Na, dann. Ich brauche auch so einiges. Jetzt brauche ich zum Beispiel eine halbe Stunde Ruhe. Ich weise Frau Rau trotzdem auf Tims Arbeitshaltung hin: »Hat Tim Ihnen eigentlich auch erzählt, dass seine vergessenen Hausaufgaben und seine Unaufmerksamkeit auch zu der Note beigetragen haben? Es geht auch um die Arbeitshaltung. Tim beschäftigt sich lieber mit anderen Dingen.«

»Davon hat er nichts gesagt.«

Das dachte ich mir.

»Aber das machen andere doch sicher auch!«

»Ja, und die haben auch keine berauschende Note bekommen.«

»Bei Tim spielt aber immer seine Krankheit mit! Der kann sich nicht immer konzentrieren.«

Ich hätte es mir denken können. Warum habe ich damit angefangen? »Ab und zu, wenn ihn etwas interessiert, kann er sich schon konzentrieren«, sage ich.

ADHS ist keine Ausrede für alles, zumal Tim ganz sicher kein schwerer Fall ist, wenn er denn überhaupt einer ist. Da kenne ich andere. Sicher beurteilen kann und will ich das natürlich nicht, denn ich bin kein Arzt. Aber Tims Verhalten scheint nicht außergewöhnlich. Er ist lustlos.

»Und die Hausaufgaben muss er eben machen«, setze ich hinzu.

Frau Rau ist still. Schön. Dann sagt sie: »Das ist richtig. Das werde ich dann verstärkt kontrollieren.«

»Machen Sie das.«

Ha, mit Hausaufgaben kriegt man sie doch meistens.

»Tim kann ja schön schreiben, wenn er will.«

Na ja, mittelmäßig, würde ich sagen.

»Sammeln Sie die Hausaufgaben eigentlich auch manchmal ein?«

»Ab und zu tue ich das, ja.«

»Dann sammeln Sie Tims doch auch mal ein! Der durfte meines Wissens nach noch nie abgeben!«

Was heißt hier *durfte*? Tim *darf* immer abgeben, er *will* aber nicht. Warum? Weil er keine Hausaufgaben hat!

»Ich habe Tims Hausaufgaben schon einsammeln wollen. Da waren aber keine vorhanden. Das ist natürlich nicht förderlich.«

»Sie könnten seine Aufgaben aber schon mal einsammeln, wenn er welche hat, Frau Pause! Dann kann er wenigstens etwas ausgleichen.«

Geht's noch? Sind wir hier bei *Wünsch Dir was?* Ich könnte Tim auch einfach so ein paar Einsen aufschreiben, wenn es beliebt. Oder ich könnte Tim generell nur noch mit *sehr gut* bewerten. Wie wäre das? Kein Problem! Er hat schließlich ADHS. Die anderen 164 ADHS-diagnostizierten Schüler sind egal, die müssen was leisten. Aber Tim, der braucht das!

»Das könnte ich, wenn er regelmäßig welche machen würde, Frau Rau.«

Ich müsste manchmal viel deutlicher werden. Aber ich habe keine Lust, mich nur noch mit Eltern zu streiten, zumal ich deren Kinder ja weiter unterrichte.

Es klingelt an meiner Haustür. »Bei mir hat es geklingelt, Frau Rau.«

»Ja, ich konnte es hören.«

»Wenn Sie möchten, rufe ich Sie später noch einmal zurück.«

»Nein, da bin ich unterwegs. Das brauchen Sie auch nicht. Ich will nur sichergehen, dass Sie Tim in nächster Zeit genau beobachten und eine Chance geben. Er hat es nicht leicht.« Jetzt klingt sie weinerlich.

»Ich werde darauf achten«, sage ich.

»Tschüss, Frau Pause.«

»Tschüss.«

Mit Frau Rau hatte ich noch einige Male zu tun. Immer drehten sich die Gespräche dabei um Tims Nachteile, die es zu beachten gilt. Einige Male drohte sie der Klassenlehrerin damit, dass sie ihren Sohn von der Schule nehmen würde. Die war irgendwann so genervt, dass sie Frau Rau sogar dazu ermutigte. Bis heute ist Tim da. Nächstes Jahr macht er Abitur, und das ganz ohne Nachteilsausgleich.

Hochbegabung I

Ich habe noch einen Schüler, der sich ganz ähnlich verhält wie Tim. Auch Dorian meldet sich erst im letztmöglichen Moment, oft auch stundenlang überhaupt nicht. Statt wie Tim seine Muskeln zu betrachten, beschäftigt sich Dorian häufig mit einem kleinen Fingerskateboard, das er aber nicht fahren lässt, sondern in seinem Mäppchen hin und her dreht. Wenn man ihn dabei beobachtet, denkt man, in seinem Mäppchen zwischen den Stiften würde gerade ein oscarverdächtiger Film laufen, so fasziniert ihn sein Tun. Dorian ist ein paar Jahre jünger als Tim. Die erste Begegnung mit seiner Mutter, Frau Halsband, hatte ich, als Dorian in der sechsten Klasse war, und zwar beim Elternsprechtag.

Ich verabschiede gerade einen Vater, als Frau Halsband um die Ecke biegt. Sie wedelt ganz aufgeregt mit den Armen. »Frau Pause!!!«

»Ja?«

»Gut, dass ich Sie sehe.«

Sie kann kaum sprechen, weil sie so schnauft. »Ich bin die Mutter von Dorian Halsband.«

»Ach so! Hallo.«

»Ich bin zwar erst in 20 Minuten dran, aber vielleicht können Sie mich ja jetzt schon dazwischenschieben?«

Ich kann und bitte sie herein. Fast schon gefesselt bin ich von ihrem Aussehen. Sie erinnert mich nämlich eindeutig an ein Huhn: fast weiß gefärbte, leicht hochstehende Haare, kleiner knallrot geschminkter Mund, winzige runde Augen und Schnabelnase. Zu allem Überfluss trägt sie Federohrringe und die passende Kette. Faszinierend. Welchem Tier ich wohl ähnlich sehe?

»Frau Halsband« (oder sollte ich *Frau Huhn* sagen?), »ich erzähle Ihnen zuerst einfach, was es aus meiner Sicht zu Dorian zu sagen gibt. Einverstanden?«

Sie nickt. Oder pickt sie?

»Schriftlich ist das, was Dorian macht, in Ordnung. Die Rechtschreibung ist etwas problematisch, das wissen Sie ja. Da muss man abwarten, wie er sich entwickelt. Sicher würde es helfen, wenn er mehr lesen würde.«

»Ja, ich weiß. Aber Dorian ist so vielseitig interessiert und beschäftigt, da bleibt kaum Zeit«, sagt das Huhn. »Er hat Fußballtraining, fährt Skateboard, lernt Posaune spielen und fährt Kart. Der hat wirklich viel zu tun, Frau Pause.«

»Das glaube ich. Vielleicht aber abends vorm Schlafen? Es muss natürlich etwas sein, das ihn wirklich interessiert. Er soll das gerne machen.«

»Abends guckt mein Sohn lieber Fernsehen. Das soll er auch, seine Tage sind ja anstrengend genug.«

»Vielleicht finden Sie ja trotzdem etwas, das er gerne lesen würde. Ich kann da auch noch mal mit ihm reden und überlegen.«

Sie nickt wieder.

»Gut. Was bei Dorian schwierig ist, ist seine Arbeitshaltung. Er wirkt ganz oft abwesend und beschäftigt sich mit anderen Dingen. Er hat ja so ein kleines Fingerskateboard. Damit spielt er zum Beispiel andauernd herum und passt dann natürlich nicht auf.«

Das Huhn lacht. Diese Reaktion kann ich jetzt nicht ganz nachvollziehen. Deshalb gucke ich ein bisschen irritiert, rede dann aber einfach weiter.

»Er macht außerdem nur ganz selten seine Hausaufgaben.«

Wieder lacht das Huhn. Dann klärt sie mich auf: »So ist er, wenn er alles schon durchschaut hat. Dann ist ihm eben langweilig. Er sieht dann keinen Sinn darin, weiter zuzuhören oder daheim zu üben. Das kann man ja auch verstehen.«

Ich bin kurz still. Dann betrachte ich bewusst meine Umgebung, um sicherzugehen, dass ich mich nicht im Traumland befinde. Alles scheint real.

»Wie meinen Sie das?«, frage ich.

»Dorian versteht alles ganz schnell. Ich bin da selber immer sehr erstaunt. Wenn er dann nicht weiter gefordert wird, beschäftigt er sich eben mit etwas anderem.«

Diesen Eindruck teile ich nicht, Frau Huhn. Dorian versteht manche Dinge sogar eher langsam. Wenn er dann nicht mehr mitkommt, beschäftigt er sich eben mit etwas anderem.

Frau Halsband erzählt weiter: »Daheim kann er mir alles Mögliche erklären. Gestern hat er mir noch was über die Planeten erzählt, das war beeindruckend. Sein Freund, der Tom, den haben Sie ja auch im Unterricht, der kann so etwas nicht. Ich merke ja, wie Dorian fast allen seinen Freunden voraus ist. Vielleicht liegt es daran, dass er eine ältere Schwester hat, die auch wirklich sehr gut ist und sich immer mit ihm beschäftigt hat, als er noch ein kleines Kind war.«

Dorians Freund, der Tom, scheint mir aber keineswegs hinter Dorian zurückzustehen. Im Gegenteil: Manchmal lasse ich Tom Dorian etwas erklären. Tom kapiert die Dinge nämlich ziemlich schnell. So ist das.

»Meiner Meinung nach ist Dorian schon so etwas wie hochbegabt. Das sieht man ja. Deshalb verstehe ich auch nicht so ganz«, redet sie weiter, »wieso Tom eine bessere Note in Deutsch hat als Dorian.«

Hochbegabt! Dass ich nicht lache! Vielleicht ist das Huhn ja tiefbegabt, und deshalb kommt es zu dieser Schlussfolgerung. Frau Halsband macht mir aber nicht den Eindruck, als sei sie irgendwie minder intelligent.

»So weit würde ich nicht gehen, Frau Halsband. Tom hat eine bessere Note, weil er einfach bessere Leistungen bringt, sehr gute Leistungen sogar. Das ist bei Dorian nicht der Fall. Ich kann sogar sagen, dass er durchaus auch mal Verständnisprobleme hat.«

Frau Halsband schüttelt den Kopf, dass die Ohrenfedern nur so fliegen. Gleich hebt sie vielleicht ab.

»Nein, nein. Dorian hat keinerlei Verständnisprobleme. Sie müssen mehr auf ihn achten. Dann sehen Sie, dass ihm bloß langweilig ist.«

»Ich achte schon auf ihn, Frau Halsband. Deshalb frage ich oft auch noch einmal nach, wenn ich den Eindruck habe, dass er gerade nicht mitkommt. Meistens ist das dann auch so. Er sagt dann selbst, was er nicht versteht, und bekommt es dann ja auch noch einmal erklärt.«

»Von wem?« In den kleinen Hühneraugen spiegelt sich Entsetzen.

»Zum Beispiel auch von Tom.«

»Das geht nicht!«

Sollte ich mich in Deckung bringen, wenn sie losfliegt?

»Tom kann Dorian doch nichts erklären! Das läuft wahrscheinlich umgekehrt, wenn Sie nicht hinsehen!«

Jetzt sollte ich mich unter den Tisch ducken.

»Das ist ja immer die Krux bei Hochbegabungen. Weil keiner darauf achtet, werden sie nicht erkannt und verwechselt. Dorian versteht alles, Frau Pause! Glauben Sie mir das! Fordern Sie ihn ruhig mehr!«

Das könnte ich, nur um dem Huhn einen Denkzettel zu verpassen. Aber ich werde es nicht tun, weil ich Dorian damit schaden würde. Er würde dann nämlich noch weniger verstehen. Woher ich das weiß? Ich unterrichte Dorian und achte dabei auf ihn. Frau Halsband das zu sagen, würde aber nichts bringen.

»Wenn Sie so sehr davon überzeugt sind, Frau Halsband, werde ich mir Dorian noch einmal genau ansehen.«

Sie guckt mich an und nickt dann zufrieden. »Ja, das ist auch nötig. Dem Mathelehrer werde ich das auch noch sagen. Es kann ja nicht sein, dass Dorians Begabungen nicht gesehen werden. Man muss sich mit ihm beschäftigen. Er fordert vielleicht mehr heraus als andere, aber man muss ihm trotzdem gerecht werden!«

Eines interessiert mich noch: »Haben Sie Dorian eigentlich einmal auf Hochbegabung testen lassen?«

Nicht, dass ich glauben würde, dass solch ein Test sehr viel aussagt, denn dafür sind diese Befragungen und Aufgabenstellungen viel zu schematisch, ähnlich wie bei Intelligenztests. Diese Tests erfassen nur Bruchteile, die dann in Zahlen umgewandelt werden, von denen behauptet wird, sie würden über den gesamten Geisteszustand einer Person informieren. Viel zu sehr vereinfacht. Ich möchte aber wissen, wie das Huhn zu der festen Überzeugung gekommen ist, sein Sohn sei eine Intelligenzbestie.

»Nein, das brauche ich gar nicht«, sagt sie. »Das sehe ich doch auch so.« Scheinbar ist sie ein blindes Huhn.

»Ich hätte noch eine Bitte, Frau Pause.«

»Ja?«

»Würden Sie mich informieren, wenn Sie meinen, dass Dorian auf eine andere Schule gehört? Vielleicht sollte er besser unter seinesgleichen lernen.«

Zusammen mit Huhnmuttersöhnchen, oder was? »Wenn ich das meine, werde ich Sie informieren.« Nämlich nie.

»Ich bin froh, dass wir uns verstehen, Frau Pause. Dann gehe ich mal weiter.«

»Tun Sie das. Und erinnern Sie Dorian doch bitte trotzdem an die Hausaufgaben.«

Wir verabschieden uns.

Ganz ignoriert habe ich dieses Gespräch mit Frau Halsband dann doch nicht. Statt einen anderen Schüler zu bitten, habe ich Dorian ihm unverständliche Inhalte eine ganze Zeit lang trotz des unnötigen Zeitaufwands selbst noch einmal erklärt – nur für den Fall, dass seine Mutter doch recht hat. Man weiß ja nie. Hat sie aber nicht. Dorian ist sicher nicht blöd, aber er ist ein ganz durchschnittlicher Schüler, der ab und zu Hilfe benötigt und des Öfteren keine Lust hat, sich mit den Unterrichtsinhalten zu beschäftigen. Ihm ist langweilig, weil er sich nicht für die Schule interessiert. Fertig. Manchmal ist es einfacher, die Eltern in ihrem Glauben zu lassen. In Dorians Fall ändert es jedenfalls nichts, solange das Huhn sicher ist, dass man auf den Sohn achtet.

Hochbegabung II

In Dorians Fall ist das Elterngespräch glimpflich ausgegangen. Frau Halsbands Glauben an die Hochbegabung ihres Sohnes ist zwar durch nichts zu erschüttern, für Dorian hat ihre Überzeugung aber zum Glück keine negativen Konsequenzen. Das geht auch anders.

Nach der sechsten Stunde komme ich aus dem Raum einer zehnten Klasse, die ich in Geschichte unterrichte. Die Schüler sind gerade weg, und ich möchte die Tür abschließen, als Herr Tischler den Flur entlang kommt. Ich kenne Herrn Tischler, denn an den Elternsprechtagen besucht er jeden einzelnen Lehrer seiner Tochter, sogar den Sportlehrer. Meistens hat er etwas zu meckern.

»Frau Pause! Zu Ihnen wollte ich!«

Toll. Warum lassen sich manche Eltern eigentlich nie Gesprächstermine geben? Für mich wäre das sehr viel einfacher und für sie bisweilen auch, denn nicht jeder Kollege hat immer Zeit.

»Hallo, Herr Tischler.«

»Haben Sie zehn Minuten?«

Ich bejahe und schließe den Klassenraum wieder auf, in dem auch Herr Tischlers Tochter Leonie unterrichtet wird. Wir setzen uns an einen Tisch.

»Was gibt es denn?«, frage ich.

»Ich muss nur noch mit Ihnen sprechen. Bei allen anderen bin ich schon gewesen. Es gibt nämlich ein Problem.«

»Aha?«

Ich kann mir nicht vorstellen, was er hat, aber das heißt ja überhaupt nichts.

»Leonie ist unterfordert. Ich habe mir angesehen, wie sie daheim arbeitet, und auch, um welchen Stoff es geht. Für Leonie ist jedes Fach zu leicht.«

»So?«

»Ja, das können Sie mir glauben. Leonie lernt mit Leichtigkeit. Sie muss gefordert werden, sonst wird man ihr nicht gerecht und sie kann ihr Potenzial nicht nutzen.«

Leonie ist meines Wissens zwar eine gute, aber keine überdurchschnittliche Schülerin.

»Herr Tischler, meine Kollegen und ich unterrichten den Stoff, der für eine zehnte Klasse vorgesehen ist. Leonie ist recht stark, das stimmt. Freuen Sie sich doch darüber. In der Oberstufe wird es ohnehin schwerer.«

»Das bringt uns aber jetzt nichts, oder? Bis dahin haben wir noch neun Monate.«

»Ja, aber diese neun Monate braucht man auch. Den Stoff muss Leonie beherrschen, damit sie klarkommt.«

»Blödsinn!«

Wie bitte? Ich sollte einmal wagen, das Wort *Blödsinn* einem Elternteil gegenüber in den Mund zu nehmen. Da hätte ich wahrscheinlich schneller eine Beschwerde bei meinem Dienstherrn liegen, als ich gucken könnte.

»Hier wird man gezwungen, seine Talente brachliegen zu lassen. Das kann nicht sein! Und dass Sie das alle nicht sehen! Leonie ist begabter als alle ihre Mitschüler. Dem muss man doch gerecht werden können!«

»Herr Tischler, beruhigen Sie sich. Leonie kommt gut mit, und das ist schön. Aber es ist nicht so, dass sie alles schon wüsste und könnte, zumindest in meinem Fach.«

Er funkelt mich aggressiv an. »Nennen Sie mir ein Beispiel!«

»Wie meinen Sie das?«

»Sagen Sie mir eine Sache, die meine Tochter nicht kann!«

Dann wollen wir mal: »Stofflich sind wir gerade beim Nationalsozialismus. Da lernt auch Leonie durchaus Neues, selbst wenn sie sich dafür interessiert und ein paar Dokumentationen gesehen hat. Hier muss sie Zusammenhänge herstellen können. Das Gleiche gilt für die Zeit danach. Zudem hat Leonie immer wieder Schwierigkeiten mit komplexeren Quellentexten. Die muss man einordnen und schließlich auch interpretieren können. Das üben wir besonders in der zehnten Klasse.«

»Wollen Sie mir sagen, dass meine Tochter nicht lesen kann?«

Nein, aber anscheinend kann Herr Tischler nicht so gut zuhören. Vielleicht kapiert er auch einfach gar nicht, wovon ich rede.

»Lesen kann sie. Das heißt aber nicht, dass sie mit den Texten auch schon angemessen umgehen kann, Herr Tischler. Wir sprechen hier nicht vom Lesen, sondern vom Verstehen und Deuten.«

Ich nehme mir in diesem Moment vor, das Gespräch abzubrechen, wenn er weiter so aggressiv ist. Das muss ich mir nicht bieten lassen.

»Verstehen und deuten!«

Jetzt äfft er mich doch tatsächlich nach. Das war's.

»Das ist doch kein Problem für meine Tochter! Sie haben ein Problem damit, auf meine Tochter einzugehen!«

Ich unterbreche ihn: »Herr Tischler, in dem Ton möchte ich mich nicht weiter unterhalten. Wir kommen so auch nicht weiter. Lassen Sie sich einen Gesprächstermin bei der Schulleitung geben, ich komme dann gerne dazu.«

Jetzt stutzt er. »Wenn Sie meinen, Frau Pause. Ich hätte das mit Ihnen auch so geregelt.«

WAS hätte er geregelt? Hier weiter herumgeschrien hätte er, um dann ohne Erfolg nach Hause zu gehen. Ich kann nicht den Lehrplan umschreiben, weil Herr Tischler meint, seine Tochter sei unterfordert und brauche eine Sonderbehandlung. Außerdem stimmt das einfach nicht! Leonie hat wirklich Probleme mit Textarbeit. Und sie weiß auch nicht schon alles. Wenn er mir das nicht glaubt, brauche ich hier nicht zu sitzen.

Als er gegangen ist, rege ich mich auf. Wieso benimmt der Mann sich so? Ich sehe nach, ob ich einen meiner Kollegen finde, bei denen Herr Tischler auch war. Drei davon sind im Lehrerzimmer und unterhalten sich gerade über ihn. Ich komme dazu und erfahre, dass der Herr sich bei zweien von ihnen genauso aufgeführt hat. Der dritte Kollege wurde als Erster besucht, da hatte Herr Tischler sich wahrscheinlich noch nicht so hochgeschaukelt. Wir sind uns alle einig darüber, dass Leonie nicht begabter ist als andere. Ein Kollege hat Herrn Tischler sogar gefragt, wie lange sich seine Tochter nach der Schule vorbereiten muss, um ihre Leistungen zu halten: Sie sitzt tatsächlich drei Stunden täglich daheim am Schreibtisch. Das hat nichts mit Unterforderung zu tun. Die Schulleitung ist bereits über Herrn Tischlers Auftritt informiert.

Als ich am nächsten Morgen in die Schule komme, ist der Vater schon Gesprächsstoff, denn er hat eine E-Mail an die Schulleitung verfasst, die recht beeindruckend ist:

Sehr geehrte Damen und Herren,
nachdem ich gestern viele Gespräche geführt habe,
bin ich zu dem Schluss gekommen, dass Sie auf meine Tochter nicht angemessen eingehen wollen. Leonies Leistungen übertreffen die ihrer Klassenkameraden weit.

Aber keiner im hiesigen Kollegium schenkt dem Beachtung.

Gestern habe ich versucht, mit all den Lehrern meiner Tochter über dieses Problem zu sprechen. Zu keinem konnte ich vordringen, denn Sie spulen nur Schema F ab. Sticht jemand heraus, sind Sie hilflos. Keiner der Lehrer hat mich ernst genommen, sodass ich nicht einmal zu meinem eigentlichen Anliegen kommen konnte. Deshalb wende ich mich damit nur noch an die Schulleitung.

Aufgrund der Hochbegabung meiner Tochter möchte ich vorschlagen, dass sie mit sofortiger Wirkung eine Klassenstufe überspringt. Bitte teilen Sie mir Ihren Entschluss über diese Frage mit, damit ich im Falle eines weiteren Ignorierens andere Konsequenzen ziehen kann.

Gruß,
S. Tischler

Man kann es nicht anders sagen: Herr Tischler hat einen ordentlichen Knall. Er war immer schon etwas eigenartig und auch immer schon überzeugt von seiner Tochter. Aber das? Lange haben wir uns gefragt, welche Ursachen seine plötzlich so drastischen Forderungen haben könnten. Leider haben wir es bis heute nicht herausfinden können.

Leonie hat kein Jahr überspringen dürfen, denn dafür gab es keinerlei Anlass. Die Schulleitung hat darüber einige Male mit Herrn Tischler kommuniziert, schriftlich und persönlich. Das Ende vom Lied war, dass Leonie nach der zehnten Klasse die Schule wechseln musste. *Musste* ist in diesem Fall das richtige Wort, denn Leonie selbst wollte unbedingt bleiben. Sie hat versucht, ihren Wunsch durchzusetzen, kam gegen ihren Vater aber nicht an. Das ist schlimm. Aber eines ist am Ende der Geschichte trotzdem lustig: Ich kenne an Leonies neuer Schule einen Lehrer, der sie auch unterrichtet. Er sagt, sie habe sich mittlerweile gut eingelebt und bringe im Durchschnitt befriedigende Leistungen. Befriedigend ist für Herrn Tischler natürlich zu schlecht. Ob sie bald wieder die Schule wechseln muss?

Zweitberuf Tippse

Nicht nur Herr Tischler hatte keine Bedenken, seine Tochter einfach abzumelden, als man seinem Willen nicht nachkam. Solche Fälle gibt es öfter. Zum Beispiel den Fall Klevig.

Herr Klevigs Sohn Peter verbringt seine Schultage damit, im Unterricht möglichst nicht aufzufallen. Obwohl: Manchmal putzt er sich die Nase. Dazu steht er mitten in der Stunde einfach auf, geht zu dem in jedem Klassenraum vorhandenen Waschbecken, reißt ein Küchentuch von der dort stehenden Rolle und schnaubt geräuschvoll hinein. Dann geht er zurück zu seinem Platz, setzt sich hin und tut: gar nichts. Er hat immer alles dabei, denn seine Schultasche wird – natürlich von seinen Eltern höchstpersönlich – jeden Abend gepackt. Ausgepackt wird daraus morgens meistens nichts.

Im Unterricht bewegt sich Peter kaum, es sei denn, er will sich die Nase putzen. Da er außerhalb des Klassenraums aber ein aktiver Junge ist, kommt es manchmal vor, dass er sich verletzt, wenn er beispielsweise versucht, mit einem Ball zwischen die Füße geklemmt über eine Reckstange zu springen. Dabei hat er sich den Arm gebrochen – den rechten – und kann jetzt leider keinen Stift mehr halten. In Deutsch muss aber noch die letzte Klassenarbeit geschrieben werden, ein Aufsatz. Da Peter dazu nicht in der Lage ist, muss er sich eben mit zwei Klassenarbeiten begnügen, aus denen die Note dann gebildet wird – denke ich zuerst.

Doch in der Woche vor dem angekündigten Klassenarbeitstermin überreicht mir Peter vor der Deutschstunde einen kleinen Brief:

Sehr geehrte Frau Pause,
mein Sohn kann durch seinen gebrochenen Arm
den Aufsatz nächste Woche nicht selbst mit-
schreiben. Da er seine Note aber noch verbessern
will, bitte ich Sie, den Aufsatz für ihn zu schreiben.
Er diktiert Ihnen dann seinen Text.
Mit freundlichen Grüßen,
Michael Klevig

Ich lese und schweige. Ich würde natürlich nichts lieber tun, als mich nachmittags oder abends zwei Stunden
lang mit Peter zu treffen, um dann seine Sekretärin zu
spielen. Freudig würde ich seine Stellungnahme orthogra-
fisch korrekt niederschreiben. Besser noch: Peter könnte
mir doch ein Diktiergerät geben, auf das er den Aufsatz
zu Hause aufspricht. Dann könnte ich den Aufsatz sogar
zusammen mit der Klasse schreiben, auf Peters Platz.
Der hätte dann frei. Bedauerlicherweise ist das aber
nicht möglich, denn dazu sind Lehrer nicht da. Nach der
Stunde sage ich Peter, ich würde seinen Vater noch einmal anrufen, aber seinen Aufsatz könne ich nicht für ihn
schreiben.

»Hab ich mir schon gedacht«, sagt Peter. Immerhin.

Ich weiß, dass wahrscheinlich eine Auseinandersetzung
mit Peters Vater folgen wird, denn ich habe bereits Erfahrungen mit Herrn Klevig gesammelt. Es ging darum, dass
Peter in der sechsten Klasse mittags einmal nass von der
Schule nach Hause gekommen war, weil es geregnet hatte.

Ich hatte mich als seine Klassenlehrerin doch tatsächlich erdreistet, Peter nicht mit einem Schirm bis zur Haustür zu begleiten. Die anderen Kinder wurden nicht nass, denn die hatten einen Regenschirm dabei. Nach dieser Ungerechtigkeit hat Peters Vater einige Tage lang Telefonterror bei mir gemacht, jedes Mal, um mich gehörig zurechtzuweisen. Ich weiß noch, dass ich mich sehr gefreut habe, als sich sein Gemüt ein wenig beruhigt hatte und er schließlich davon abließ, mich andauernd anzurufen.

Nach dem heutigen Vorschlag, Peters persönliche Sekretärin zu werden, wähle ich am frühen Abend Herrn Klevigs Nummer, aber es ist niemand zu Hause. Gegen halb zehn Uhr abends klingelt dann mein Telefon und zeigt Herrn Klevigs Nummer an. Ich beschließe, nicht mehr abzuheben. Am nächsten Tag bringt Peter einen neuen Zettel mit.

Sehr geehrte Frau Pause,
mein Sohn hat mir bereits gesagt, dass Sie
ihm nicht entgegenkommen werden. Er muss aber
die Möglichkeit erhalten, seine Noten noch zu
verbessern. Die letzte Klassenarbeit war eine 4.
(Eigentlich hätte ich die Arbeit als 3 gesehen.)
Sie müssen ihm also helfen. Anderes werde
ich nicht akzeptieren und gegebenenfalls weitere
Schritte einleiten.
Gruß,
Michael Klevig

Dieser Zettel ist keine Überraschung. Herr Klevig will öfter gegen Lehrer vorgehen. Interessieren würde mich allerdings, wie die »weiteren Schritte« aussehen würden. Vielleicht eine Anzeige bei der Polizei wegen unterlassener Hilfeleistung? Ich entschließe mich, zumindest die Schulleitung zu informieren. Mit meinen beiden Zetteln laufe ich ins Büro des Schulleiters, der lediglich den Kopf schüttelt und die Briefchen vorsorglich behält. Ich bin natürlich ganz cool – bis zum Abend. Da sitze ich zu Hause am Küchentisch und denke darüber nach, ob ich nicht doch irgendeinen Fehler gemacht habe, für den man mich belangen könnte. Ob ich Peter auch wirklich immer gerecht behandele? Muss ich ihm nicht unbedingt noch eine bessere Note geben? Bin ich vielleicht doch dazu verpflichtet, Peters Aufsatz zu schreiben? Am nächsten Tag rege ich mich langsam wieder ab, denn Peter bringt mir keine weiteren schriftlichen Drohungen mit. Es gibt Eltern, die machen einen ganz verrückt.

Am Freitag der gleichen Woche platzt Herr Klevig in meinen Unterricht, während ich gerade an die Tafel schreibe. Er begrüßt die Anwesenden, indem er laut sagt: »Pack deine Sachen, Peter.«

»Hallo, Herr Klevig«, sage ich etwas verwirrt.

»Ich nehme meinen Sohn jetzt mit. Ab Montag wird er auf die Guttenberg-Schule gehen.«

Ich bin noch irritierter und öffne meinen Mund, um Herrn Klevig vorzuschlagen, uns auf dem Gang kurz zu unterhalten. Dazu kommt es aber nicht, denn Herr Klevig wartet nicht auf mich. »Sie brauchen gar nichts zu sagen. Ist alles schon geklärt. Sag deiner Klasse noch tschüss, Peter.«

Peter steht auf und sagt wirklich nur tschüss. Dann geht er. Mein Mund steht die ganze Zeit offen. Die Schüler gucken mich erstaunt an und fragen, was passiert sei. Ich erkläre etwas hilflos, dass ich auch nichts wisse, und dann klingelt es.

In der folgenden Pause erzählt der Schulleiter, dass Herr Klevig aufgebracht das Sekretariat betreten habe, in der Hand die Abmeldung seines Sohnes sowie die Aufnahmebestätigung der anderen Schule. Dass er Peter direkt mitnehmen wollte, wusste keiner. Peter besucht jetzt jedenfalls die Guttenberg-Schule – natürlich nicht nur wegen meiner Weigerung, seinen Aufsatz zu schreiben. Die Sache mit dem Regenschirm hat sicherlich auch zu Herrn Klevigs Entschluss beigetragen und außerdem weitere Ungerechtigkeiten, die sein Sohn von anderen Lehrern an meiner Schule erfahren musste. Klar ist jedenfalls, dass man sich um Peter einfach nicht genug gekümmert hat.

Mein Kind, die Nummer

Es ist mal wieder Elternsprechtag. Wie alle anderen Lehrer auch, informiere ich viele Wochen zuvor die Eltern über dieses Ereignis schriftlich und bitte sie, bei Interesse einen Termin mit mir abzustimmen. Für jedes Gespräch ist eine Dauer von zehn Minuten angesetzt, die der kurzen Information über Verhalten, Mitarbeit, Motivation und auch über Noten dienen sollen. Meistens ist es erwünscht, dass der betreffende Schüler auch teilnimmt. Am Ende sollten die Eltern über die Leistungen, Stärken und Schwächen ihres Kindes auf dem neuesten Stand sein. Eigentlich ist klar, dass in diesem Fall der Lehrer der Beratende ist, denn er weiß, was die Schüler im Unterricht machen oder eben nicht. Manche Eltern verstehen dieses Konzept jedoch nicht.

Es ist drei Uhr nachmittags, und ich habe bereits neun Elternteilen alle möglichen Informationen über ihre Kinder gegeben und versucht, möglichst hilfreiche Ratschläge zu verteilen. Während des gerade laufenden Gesprächs mit einem Vater, dessen Sohn erhebliche Schwierigkeiten im Fach Deutsch hat, klopft es an der Tür. Es ist Frau Kipp, die ungefragt öffnet, die Nase ins Zimmer steckt und lächelt. Sie ist Schulelternsprecherin und immer hoch motiviert, ihren Kindern die bestmögliche Unterstützung zukommen zu lassen. Als ich an meiner Schule anfing, dachte ich eine Weile, Frau Kipp sei eine Kollegin, weil sie jeden Tag hier herumlief. Morgens um halb acht traf ich sie im Sekretariat, den ganzen Vormittag sah ich sie durch das Schulgebäude hetzen, gegen zwei Uhr nachmittags dann in ihr auf dem Lehrerparkplatz abgestelltes Auto steigen, ihr Gesicht abgekämpft vom arbeitsreichen Vormittag. Erst nach drei Wochen wurde mir unter großem Gelächter erklärt, wer Frau Kipp ist, denn ich hatte einen Kollegen nach Frau Kipps Fächerkombination gefragt.

Jetzt gucke ich zur Tür und warte auf eine dringende Frage, die es nötig macht, den vor mir sitzenden Vater und mich zu stören, oder einen Gruß, sodass ich nach dem sicherlich wichtigen Begehren von Frau Kipp fragen kann. Stattdessen: »Wie lange dauert das denn bei Ihnen noch?«

»Wenn Sie auf Ihren Zettel gucken würden, den Sie seit drei Wochen haben und gerade in der Hand halten, und vielleicht auf die Türaußenseite, wo alle Termine noch einmal gut sichtbar aufgelistet hängen, könnten Sie sehen, dass Sie in genau fünf Minuten an der Reihe sind. Aber erst dann, wenn die anderen Eltern gegangen sind. So schwer kann das doch nicht zu verstehen sein, vor allem dann nicht, wenn man faktisch in der Schule wohnt.«

Das wäre die passende Antwort gewesen. Stattdessen sage ich: »Hallo, Frau Kipp. In fünf Minuten sind Sie dran.«

»Gut, dann geh ich noch mal im Sekretariat vorbei!«

Die armen Sekretärinnen.

Die Tür schließt sich. Der Vater, der gerade vor mir sitzt, guckt etwas verdutzt, kommt aber sofort zurück auf unser Thema und geht dann äußerst pünktlich, sogar etwas zu früh. Innerlich bereite ich mich auf das folgende Gespräch vor – eigentlich ein unnötiges, denn Frau Kipp läuft ja sowieso immer überall in der Schule herum, sodass sie manchmal sogar besser informiert ist als ich selbst. So gut sogar, dass ich mich gelegentlich frage, ob sie ab und zu an den Türen lauscht, wenn Unterricht ist.

Frau Kipp taucht mit einigen Minuten Verspätung wieder auf, kommt herein und setzt sich. Wieder lächelt sie breit. Ich unterrichte zwei ihrer Söhne und beginne damit, vom Leistungsstand des älteren im Fach Geschichte zu berichten.

»Das müssen wir nicht besprechen. Ich hatte ja auch Biologie-Leistungskurs.« Aha. Ich frage mich kurz, wozu diese Information dienen soll, entscheide aber, darüber hinwegzugehen und dann eben über Philipp zu sprechen.

Philipp Kipp sitzt in meinem Erweiterungskurs Deutsch, also dem Unterricht für die in diesem Fach stärkeren Schüler. Seine Leistungen lassen leider zu wünschen übrig, sodass ich überlege, ihn eventuell für den Grundkurs zu empfehlen.

»Na gut, Frau Kipp, dann direkt zu Philipp.«

»Ja, was machen wir da?« Wieder dieses herausfordernde Lächeln.

»Ich gehe davon aus, dass Sie die Noten Ihres Sohnes kennen: eine Vier minus ...«

»Ja, weiß ich alles. Was machen wir da?«

»Also, die Schwierigkeiten liegen wohl besonders im schriftlichen Bereich ...«

»Ja, was machen wir da?«

Ich komme zu der Auffassung, dass jegliche weitere grundsätzliche Information über die Leistungen an sich wohl nicht erwünscht ist. Also überspringe ich fast meine gesamten Notizen und komme direkt zum letzten Punkt, was das Gespräch zumindest um einige Zeit verkürzt – nicht unangenehm beim heutigen Terminplan.

»Man kann das Schreiben und auch das sinnentnehmende Lesen ganz gut trainieren, indem man zunächst mal selbst mehr liest ...«

»Ja, ich weiß. Ich habe ja auch Abitur gemacht.«

Ach so. Wieder eine Information, die ich nicht ohne Weiteres in den Gesprächsverlauf einordnen kann. Wahrscheinlich weiß man alles über jegliche Schulfächer und deren Didaktik, wenn man vor etwa 20 Jahren mal Abitur gemacht hat. Frau Kipp lächelt.

»Gut. Also, zuerst einmal sollte Philipp mehr lesen. Etwas, das ihn wirklich interessiert, damit er auch Spaß daran bekommt.«

Frau Kipp nickt. Dann rede ich mal weiter. »Zudem weiß ich, dass Sie ja alles sehr eng mitverfolgen, was hier im Unterricht passiert. Wenn eine schriftliche Aufgabe ansteht, üben Sie mit ihm ein bisschen. Lassen Sie ihn schreiben, und sehen Sie nach, ob der Text verständlich ist ...«

»Ja, aber was machen wir jetzt?«

Ich verstehe langsam, dass Frau Kipp unglaublich an »jetzt« interessiert zu sein scheint. Also beschließe ich, den Spieß umzudrehen. »Wir sprechen jetzt über Ihren Sohn und überlegen, wie er seine Leistungen verbessern kann.«

»Schön und gut. Aber was machen Sie in den nächsten Tagen mit ihm?«

Was stellt Frau Kipp sich vor? Dass ich mich in den nächsten Tagen exklusiv und exzessiv um Philipp Kipp kümmere, mit dem Ergebnis, dass er in spätestens zwei Wochen die sprachlichen Fähigkeiten Goethes hat? Ich fühle mich nun doch etwas hilflos und frage einfach direkt nach: »Was stellen Sie sich denn vor, Frau Kipp, was zu machen ist?«

Es folgt eine Pause, und Frau Kipp lächelt weiter. Dann setzt sie an: »In der sechsten Klasse hatte Philipp die Frau Gambusch in Deutsch. Da war er auch eigentlich ganz gut.«

Wieder eine Pause, in der ich überlege, ob ich mich jetzt verteidigen muss, es dann aber für besser halte, einfach erst einmal zuzuhören.

»Ich war bei der Frau Gambusch immer informiert, und der Philipp wusste das. Da konnte der sich keine Schwächen erlauben.«

Ich glaube zu ahnen, worauf die Erzählung hinauslaufen soll, und unterbreche diesmal Frau Kipp: »Zwecks Informationen sitzen wir ja jetzt hier. Wenn Sie das Gefühl haben, dass ein kurzes Gespräch am Elternsprechtag nicht ausreicht – das ist ja auch tatsächlich nicht viel –, können Sie mich jederzeit anrufen und einen anderen Termin vereinbaren oder mich einfach ansprechen. Wir sehen uns ja sehr oft während der Schulzeit. Ich würde mich außerdem ohnehin bei Ihnen melden, wenn mir auffallen würde, dass Philipp seine Arbeit vernachlässigt. Das war aber bisher nicht der Fall, die Probleme liegen im Verständnis.«

Bin ich eigentlich bescheuert? Das habe ich ihr doch schon mehr als einmal gesagt. Es ist nicht so, als hätte ich mit dieser Frau noch nie über ihren Sohn geredet. Das wäre auch nahezu unmöglich, denn sie ist ja IMMER da!

Frau Kipp überlegt schon wieder kurz und spricht schließlich weiter: »Mit der Frau Gambusch war ich immer spazieren. Wir haben ja beide noch ein ganz kleines Kind. Da sind wir oft mit dem Kinderwagen am Fluss entlang gegangen und haben uns nett unterhalten.«

Aha. Ich muss mich also beeilen, ein Kind zu bekommen, um dann in meiner Freizeit mit Frau Kipp spazieren zu gehen, damit Philipp sich in Deutsch verbessert? Ich kann mir Besseres vorstellen und sage: »Ich habe leider keine Kinder.«

Frau Kipp nickt und kommt jetzt zu ihrem eigentlichen Anliegen: »Vielleicht ist mein Sohn bei Ihnen ja nur eine Nummer unter vielen.«

Sie lächelt. Ich weiß nicht so genau, was ich sagen soll. Wahrscheinlich gucke ich ziemlich blöd aus der Wäsche, denn damit habe ich jetzt nicht gerechnet. Nach kurzem Schweigen sage ich: »Fragen Sie Ihren Sohn doch mal, ob er sich zu wenig beachtet fühlt. Ich werde auch mal mit ihm darüber sprechen, ob er das so wahrnimmt, wenn Sie meinen, dass es in der Hinsicht ein Problem gibt.«

Frau Kipp schweigt.

»Sie müssen natürlich auch bedenken, dass in diesem Kurs 30 Schüler sitzen. Da kann ich nicht die ganze Stunde neben Philipp stehen.«

Frau Kipp nickt. Immerhin scheint ihr das einzuleuchten, und sie antwortet: »Wir machen es so: Ich spreche mit meinem Sohn und Sie auch noch mal. Und dann warten wir ab, was dabei rauskommt. Ich glaube nämlich, er traut sich bei Ihnen nicht so richtig, weil er sich nicht so wohl fühlt, nicht so als Mensch beachtet, wie früher.«

Philipp traut sich also nicht, ganze Sätze zu schreiben oder seine Texte zu strukturieren, weil ihm die menschliche Zuwendung in Form von nachmittäglichen Spaziergängen meiner Person mit seiner Mutter fehlt? Das ist natürlich möglich. Ich gebe auf, denn ich weiß, dass ich sonst wohl 40 Minuten mit Frau Kipp verbringen würde.

»Einverstanden, Frau Kipp. So machen wir das, und dann unterhalten wir uns noch mal. Sprechen Sie mich am besten einfach an, wenn Sie da sind.«

»Gut. Und wenn irgendetwas ist, Frau Pause, dann melden Sie sich. Einen schönen Tag noch.«

Am nächsten Tag habe ich Philipp gefragt, ob er sich im Unterricht wohlfühlt. Ich habe ihm auch gesagt, er solle bitte mit mir sprechen, wenn es irgendein Problem gebe, egal, welches. Philipp hat gut gelaunt geantwortet, dass alles in Ordnung sei. Er würde eben in den Grundkurs wechseln, wenn das hier nicht so klappe. Frau Kipp hat mich deshalb bis heute nicht mehr angesprochen. Aber jedes Mal, wenn ich sie sehe, rechne ich damit. Diesmal würde ich sie unterbrechen. Ich bin gewappnet.

Von Frauen und Drogen

Es gibt Eltern, die meinen offenbar, sie kümmern sich um ihre Kinder, dabei wollen sie eigentlich nur, dass man sich um sie selbst kümmert. Sie wollen Aufmerksamkeit um jeden Preis.

Meine Eltern sind geschieden. Als sie sich getrennt haben, war ich noch Schülerin in der Mittelstufe. Soweit ich weiß, waren weder mein Vater noch meine Mutter jemals bei meinem Klassenlehrer, um ihm ihre Lebensgeschichte zu erzählen. Mittlerweile habe ich gelernt, dass ich meinen Eltern dafür sehr dankbar sein kann.

Herr Olbergs Tochter Lea geht in meine Klasse. Als ich die Olbergs am ersten Elternabend kennenlernte, gaben sie bereits Anlass zum genaueren Hinsehen. Herr Olberg ist ein stattlicher Mann von – wie ich heute weiß – 73 Jahren. Sein Haar ist weiß, sein Gesicht vom Leben gezeichnet, man sieht ihm sein Alter unmittelbar an. Frau Olberg dagegen schätze ich auf knapp 30 Jahre. Vorzugsweise trägt sie Minirock und High Heels, ganz egal, ob sie zu einem Termin in die Schule ihrer Tochter geht oder woanders hin. Meist redet Herr Olberg, denn seine Frau spricht nur sehr gebrochen Deutsch, da sie aus Russland stammt. Dieses Paar fällt einfach auf. Als Lea im fünften Schuljahr war, habe ich ab und zu mitbekommen, dass zu Hause alles gut läuft. Auch die Elterngespräche verliefen völlig normal – das gibt es auch.

Inzwischen ist Lea in der sechsten Klasse, und eines Tages wartet Herr Olberg nach der sechsten Stunde vor unserem Klassenraum – natürlich wieder ohne Termin. Ich begrüße ihn, warte, bis alle Schüler inklusive Lea die Klasse verlassen haben, und bitte Herrn Olberg herein. Schwerfällig setzt er sich und beginnt zu sprechen. »Frau Pause, ich muss Sie leider stören, weil ich Ihnen was über Lea erzählen muss. Das ist wichtig.«

Ich bin gespannt, gehe im Kopf schon alle möglichen Dinge durch und sage: »Kein Problem. Legen Sie einfach los.«

Und Herr Olberg legt los: »Wissen Sie, die Lea ist ja ein sehr verschlossenes Mädchen. Die erzählt nicht so viel, deshalb muss ich der Schule immer alles erzählen. Das war in der Grundschule auch so.«

Dass Lea verschlossen ist, kann ich nicht sagen, reagiere darauf zunächst aber nicht und warte, was da noch kommen wird.

»Meine Frau, die ist bei ihrer Freundin«, sagt Herr Olberg dann und guckt sehr eigenartig. So eigenartig, dass ich überhaupt nicht weiß, was er meint.

»Ist das ein Problem?«, frage ich.

»Ich will Ihnen das mal genauer erklären.«

Von da an, müssen Sie sich vorstellen, kann ich angesichts des folgenden Wortschwalls lediglich ab und zu nicken.

»Ich war ja lange in Russland, weil ich Ingenieur bin. Da war es sehr schön, landschaftlich und die Städte auch. Da kann man noch in unberührter Natur sitzen und die genießen, nicht wie hier. Also, wir wohnen ja hier auch auf dem Land. Unser Haus ist auch sehr schön. Wissen Sie, das habe ich alles selbst gebaut. Das Haus hat – lassen Sie mich rechnen – zwölf Zimmer. Die Lea hat alleine zwei Zimmer und ein Bad, und der Bruder hat auch zwei Zimmer. Der hat aber noch kein Bad, der ist ja erst zwei Jahre alt. Irgendwann wollte ich noch mal anbauen, wenn die Kinder größer sind. Aber hier ist ja alles verbaut, nicht wie in Russland, da kann man ganz weit in die Landschaft gehen und sieht nichts. Da hatte ich ein noch schöneres Haus, auch selbst gebaut. Ich war da 13 Jahre. Da hätte ich richtig anbauen können. Hier hängt mir der Nachbar direkt auf der Pelle.«

Ich frage mich langsam, warum ich das wissen soll, warte aber einfach ab.

»Meine Frau ist ja Russin, die Lea spricht auch schön Russisch. Das können Sie sie im Unterricht ruhig mal machen lassen. Wirklich schön spricht sie, hört sich toll an. Behandeln Sie Russland?«

»Ja, kurz«, antworte ich, er nickt hektisch.

»Dann soll die Lea mal sprechen. Das ist ja auch für die anderen interessant.«

»Ist Lea denn in Russland geboren?«, frage ich.

»Ja, ja. Ich habe meine Frau doch da kennengelernt. Ganz runtergekommen war die. Wissen Sie, die kommt aus einer schlechten Familie. Also, was heißt schlecht, die hatte halt kein Geld und alles. Hat immer mal hier und da gearbeitet. Nicht als Prostituierte, wenn Sie das jetzt meinen. In so Kneipen hat die bedient, und da habe ich sie kennengelernt und rausgeholt. Von ganz unten hochgeholt habe ich meine Frau. Und das ist jetzt der Dank.«

Pause.

»Wie?«, frage ich, mittlerweile etwas überfordert von all diesen Informationen.

»Meine Frau ist abgehauen. Wahrscheinlich ist sie bei ihrer einen Freundin da. Die war jetzt jedenfalls schon seit zwei Wochen nicht mehr daheim. Ich habe schon überall gesucht, aber die lässt sich auch einfach verleugnen. Letztes Mal, als sie das gemacht hat ...«

»Haut Ihre Frau öfters ab?«

»Ja, das hat die schon zwei Mal gemacht. Ist dann aber immer wieder zurückgekommen. Die hat ja auch nichts. Wenn das Geld ausgeht, kommt sie wieder, und dann ist alles wieder gut. Jedenfalls war die letztes Jahr auch bei ihrer komischen Freundin. Was weiß ich, was die da machen. Dieses Zeug rauchen oder koksen oder wie das heißt. Ich habe davon ja keine Ahnung. Ich habe meine Frau nur da rausgeholt und ihr ein schönes Leben gemacht, sonst habe ich mit all den Sachen nichts zu tun.«

Ich sitze und staune. Was ist das denn?

»Nimmt Ihre Frau regelmäßig Drogen, oder wie?«, frage ich.

»Nein, nein. Nicht mehr, seit wir die Häuser hatten. Was sie da früher gemacht hat, weiß ich eigentlich nicht. Jetzt aber nicht mehr. Wenn überhaupt. Nur die eine Freundin ist ein schlechter Umgang für meine Frau. Sehen Sie ja, weg ist sie. Und ich kann jetzt warten und gucken, dass alles läuft. Deshalb bin ich auch hier. Sie müssen doch wissen, was daheim so los ist. Wenn die Lea irgendwie komisch ist, die erzählt ja nichts.«

Lea hat tatsächlich kein Wort über die verschwundene Mutter erzählt. Komisch kam sie mir aber auch nicht vor. Eigentlich benimmt sie sich wie immer. Das sage ich auch Herrn Olberg.

»Ja, ja. Die ist nicht komisch. Die ist auch vielleicht ganz froh, dass sie jetzt alleine ist. Wissen Sie, ihr Bruder nervt sie schon manchmal. Dann schreit der immer und hängt immer an meiner Frau. Wenn ich mal komme, das will der Junge gar nicht. Immer hängt er an meiner Frau, und die tut auch alles für den Jungen. Und die Lea, die ist genervt. Der schreit so viel und so laut.«

»Hat Ihre Frau Ihren Sohn denn mitgenommen?«, frage ich.

»Ja, die hat den natürlich mitgenommen. Die kann doch nicht ohne den Jungen. Der ist ihr Ein und Alles. Wahrscheinlich sitzt der jetzt mit bei der Freundin und guckt zu, wie die koksen oder was. Da war auch schon manchmal die Polizei.«

Langsam bekomme ich Angst. Dieser Mann sitzt hier, plaudert aus dem Nähkästchen und scheint gar nicht weiter aufgeregt, obwohl seine Frau untergetaucht ist, den gemeinsamen Sohn entführt hat und sich den Kopf mit Kokain zuhaut. So meine Vorstellung.

»Aber die Lea ist eigentlich ganz froh. Die ist ein ganz passables Mädchen. Ich koche auch besser als meine Frau. Abends mache ich ihr jetzt immer ihr Lieblingsessen, ich habe ja auch Zeit. Bin schon seit ein paar Jahren nicht mehr berufstätig. Nachmittags machen wir Hausaufgaben, sie hat ihre Ruhe, weil der Bruder nicht mehr schreit, und ich koche was Schönes.«

»Was sagt Lea denn dazu, dass ihre Mutter weg ist? Das muss sie doch irgendwie belasten!«

»Also, die kennt das ja. Ist schon zwei Mal passiert. Da war ich auch immer bei den Lehrern in der Grundschule. Die Lehrer haben gesagt, dass sie nichts gemerkt haben. Die Lea ist ein passables Mädchen, die macht da nicht so viel Wind. Daheim ist sie auch eigentlich ganz froh, wie gesagt.«

»Ja, und was haben Sie jetzt vor? Ihr Sohn ist doch auch weg.« Ich kann kaum glauben, was ich da höre. Herr Olberg scheint sich aus seinem Sohn relativ wenig zu machen – im Gegensatz zu seinen Häusern.

»Ich warte mal. Wenn die kein Geld mehr hat, kommt sie sowieso wieder. Vielleicht lasse ich auch die Polizei mal bei der Freundin vorbeifahren. Aber dann ist meine Frau wieder sauer und bleibt noch länger weg. Aber egal. Hauptsache, Sie wissen jetzt, was gerade los ist. Falls die Lea sich nämlich doch eigenartig benimmt, wissen Sie, warum. Dann müssten wir noch mal telefonieren oder so. Aber die Lea geht gerne in die Schule. Lassen Sie die mal ruhig Russisch sprechen. Toll ist das. Und fordern Sie die ruhig. Die kann was. Ich kümmere mich ja auch um die Schule. Habe studiert. In manchen Fächern kann ich gut helfen.«

Das glaube ich ihm sogar. Schwierigkeiten habe ich mit der verschwundenen, koksenden Mutter.

»Ja, Lea macht sich auch gut. Ich werde mal genauer darauf achten, wie sie sich in nächster Zeit verhält. Aber Sie müssten vielleicht doch mal sehen, was mit Ihrem Sohn ist!«

»Ach, meine Frau, die liebt den Kleinen heiß und innig. Da passt die schon auf. Ich habe jetzt erst mal alle Konten gesperrt. Am Ende kann ich nicht anbauen, wenn die jetzt alles Geld verprasst. Und die Lea soll doch auch irgendwann mal ins Ausland, vielleicht USA, damit sie da ein Jahr zur Schule geht. Ausbildung ist wichtig.«

»Das stimmt«, sage ich.

Ich bin leicht durcheinander und frage mich langsam, wie ernst ich diese Geschichte nehmen soll. Herr Olberg kommt mir etwas zu abgeklärt vor.

Als wir das Gespräch beendet haben, gehe ich zu Leas Grundschule gleich nebenan. Ich finde heraus, wer ihre damalige Klassenlehrerin war und frage nach. Wie sich herausstellt, war Herr Olberg tatsächlich zwei Mal dort, um genau die gleiche Geschichte zu erzählen. Die Kollegin hatte sich beim ersten Mal große Sorgen gemacht, bei Lea nachgefragt und auch einige Male mit Herrn Olberg telefoniert. Frau Olberg war tatsächlich verschwunden und hatte sich bei einer Freundin aufgehalten. Nach einigen Wochen war sie dann zu ihrem Mann zurückgekehrt, genau, wie Herr Olberg es geschildert hatte. Die Sache mit dem Kokain hat allerdings nicht gestimmt, wie die Kollegin sicher zu sagen wusste: »Der Frau müsste man helfen, wenn Sie mich fragen. Die kommt nicht weg von ihrem Mann, obwohl sie will.«

Traurig.

Am nächsten Morgen spricht Lea mich an. »Frau Pause, mein Vater war ja gestern da, oder?«

»Ja, war er«, sage ich.

»Was wollte er denn?«

Ich erzähle Lea wahrheitsgemäß, dass ihr Vater mich darüber informiert habe, dass ihre Mutter gerade nicht da sei und ihr Bruder ebenfalls nicht. Ich sage ihr auch, dass er das getan habe, weil er sich um sie sorge. Ich solle wissen, was los ist, falls es ihr einmal schlecht gehe. Alle anderen Informationen, die ihr Vater an den Mann gebracht hat, unterschlage ich wohlweislich. Aber trotzdem: Lea wird rot. »Hat mein Vater sonst noch was gesagt?«

»Er hat ein bisschen erzählt. Beispielsweise, dass du gut Russisch sprichst. Er hat auch erwähnt, dass deine Mutter schon einmal einige Zeit nicht da war.«

Lea wird noch röter, nickt aber und scheint kurz nachzudenken. »Na gut«, meint sie zögerlich, »dann gehe ich mal hoch.« Sie verschwindet.

Irgendwie muss Lea sich denken können, was ihr Vater mir erzählt hat. Wer weiß, wie oft und bei wem er seine Leidensgeschichte bereits loswerden musste. Ich möchte es gar nicht wissen. Lea ist erst zwölf Jahre alt. Trotzdem sind ihr die Geschichten des Vaters sichtlich peinlich. Wie das erst wird, wenn Lea 16 ist?

Von Männern und Pferden

Frau Melzer hat ein ganz ähnliches Problem wie Herr Olberg. Auch sie lechzt nach Beachtung. Sie erzählt mir immer zu viel und hört überhaupt nie auf zu reden. Unser letztes Telefonat, bei dem ich sie eigentlich nur über die Leistungen ihrer Tochter Samira informieren sollte, weil Frau Melzer am Elternsprechtag keine Zeit hatte, lief folgendermaßen ab:

»Hallo?«

»Frau Melzer? Hier spricht Pause.«

»Ah, Frau Pause! Hallo! Ich konnte nicht schneller ans Telefon kommen. Samira war noch nicht zur Tür raus. Die geht ja jetzt reiten.«

»Ach so, macht ja nichts.«

»Dass sie reitet? Haaahaaahaaahaaahaaa!«

Frau Melzer lacht sehr tief und laut. Vor allen Dingen laut. Ich muss den Hörer ein bisschen von meinem Ohr entfernen. Aus Höflichkeit mache ich auch ein Geräusch, das einem Lachen ein wenig ähnelt: »Hehe.« Das muss reichen.

Frau Melzer sagt: »Nein, Quatsch beiseite. Ich mache ja alles für meine Tochter. Sie wissen ja, Frau Pause, ich habe als Alleinerziehende immer Geldprobleme. Ich kann ja nicht mehr arbeiten gehen, mich nimmt ja keiner! Keiner! Es ist fürchterlich!«

»Ja.«

»Trotzdem mache ich alles für Samira. Wenn die Dame einen Wunsch hat, kommt sofort die Mama. Tja, es ist halt so. Bis ich mal anders reagiere. Haaahaaahaaahaaahaaa!«

»Hehe.«

»Jetzt geht sie also reiten, die Dame. Ist ja auch nicht billig, so ein Hobby. Und die Ausrüstung! Da braucht sie einen Helm, eine Hose, spezielle Stiefel und hast du nicht gesehen! Aber wenn die Dame reiten will, dann geht sie reiten. Mama ist ja da.«

»Ja ...«

»So ein Pferd ist teuer, das kann ich Ihnen sagen. Aber die Dame will reiten. Gut, dann geht sie reiten. Und im Sommer fährt sie in Reiterurlaub. Kostet auch eine Stange Geld. Aber Mama macht das schon. Letztes Jahr war sie ja an der Nordsee mit der Jugendfreizeit. Man tut ja, was man kann. Große Sprünge gehen halt nicht. Da muss die Freizeit reichen. Mit meinem Exmann war sie ja auch noch in Kroatien. Da hat er einmal was getan, und schon ist Papa der Beste.«

»Mmhmh ...«

»Reiten gehen, das kann die Mama bezahlen. Da macht der Papa nichts. Kroatien! Einmal im Jahr! Den Alltag macht Mama. Und da fällt was an, wenn die Dame will. Reiterferien! Gut, dann kriegt sie die. Und Mama bleibt daheim. Wann ich zum letzten Mal im Urlaub war! Das war im letzten Jahrhundert! Haaahaaahaaahaaa!«

»Hehe.«

»Mein Exmann fährt ja andauernd weg, der kennt bald die ganze Welt. Und seine Tochter nimmt er nur im Sommer mit. Da ist mein neuer Partner ja mehr Papa!«

»Frau Melzer ...«

»Ach was, wissen Sie, was mein Exmann für Samira gemacht hat, als wir uns getrennt haben? Gar nichts hat er gemacht! Mal ein Anruf alle 14 Tage und den lieben Papa spielen. Bei ihm darf die Dame ja alles. Und dann kommt sie auf die tollsten Ideen. Aber bei mir gibt's das nicht. Da bin ich hart. Haaahaaahaaahaaahaaa!«

»Frau Melzer ...«

»Nein, bei mir nicht, junge Dame. Vor Kurzem habe ich sie abgeholt. Da war sie erst beim Pferd und dann im Jugendhaus. Um acht sollte sie daheim sein. Und? Zehn nach acht, keine Samira, halb neun, keine Samira. Da bin ich aber ausgeflippt, das können Sie mir glauben. Auf glühenden Kohlen habe ich gesessen. Und dann hat mein Partner mich zum Jugendhaus gefahren. Auf dem Weg kam die Dame uns entgegen. Da hat sie aber geguckt, das kann ich Ihnen sagen. Als sie mich gesehen hat, da hat sie geguckt!«

»Mmhmh.«

»Schiss hat sie gehabt. Soll sie auch, ich bin ja nicht der Papa. Die böse Mama bin ich. Ich muss bestrafen, der liebe Papa fährt mit ihr nach Kroatien. Pferde und reiten, das kann ich dann bezahlen!«

»Ja ...«

»Mein Ex, also mein erster Partner nach meinem Mann, der war auch nicht besser. Hat immer nur im Wohnzimmer gesessen und die Bude vollgequalmt, sonst konnte der nichts. Samira mal irgendwohin fahren? Der doch nicht! Der hat nur auf der Couch gesessen. Deshalb ist die jetzt auch so weich! Haaahaaahaaahaaa!«

»Hehe.«

»Aufstehen musste immer ich, genau wie bei meinem Exmann. So was kann man nicht gebrauchen. Sie können sich vorstellen, der war schneller wieder weg, als er bis drei zählen konnte. Mit mir nicht mehr! Nein! Das hatte ich zehn Jahre. Das gibt's bei mir nicht mehr! Und gearbeitet hat der ja auch nichts. Hat sich nur ausgeruht. Ich kann ja nicht mehr arbeiten. Ich würde gerne, das können Sie mir glauben. Es geht halt nicht wegen dem Rücken. Da muss ich jetzt durch. Aber mein neuer Partner unterstützt mich, das muss man sagen. Der macht alles für die junge Dame, da kann sie sich überhaupt nicht beschweren. Morgen fährt er sie sogar zum Reitturnier. Selbstverständlich ist das nicht. Aber die junge Dame, der ist das ja egal.«

»Können wir …«

»Die junge Dame kommt zu spät nach Hause und stellt dann auch noch Ansprüche. Die Kinder sind ja heute ganz anders als wir damals. Bei meiner Mutter hätte es das nicht gegeben. Da hätte ich links und rechts eine gefangen, und dann wäre Schluss gewesen mit Reiten und mit Jugendhaus und den ganzen Ideen. Heute geht das nicht mehr. Also, nicht dass Sie mich jetzt falsch verstehen, Samira wird hier auf gar keinen Fall geschlagen!«

»Ja …«

»Auf gar keinen Fall! Aber geschadet hat es uns ja nicht. Ganz normale Menschen sind wir geworden.«

Da wäre ich mir nicht so sicher!

»Heute macht das ja keiner mehr. Mein neuer Partner hat früher auch mal eine gefangen. Aber nie würde der Samira anfassen! Dann wäre aber auch Schluss mit lustig. Dann würde er mich aber kennenlernen. Hoho! Der wäre aber einen Kopf kürzer. Nur noch so klein!«

Ob sie gerade die Größe ihres verletzten Partners in die Luft malt?

»Aber nie würde der sich an Samira vergreifen. Der ist nicht wie meine Exmänner. Denen würde ich alles zutrauen. Mein jetziger Partner, der macht alles. Macht auch mal was im Haushalt und repariert mein Auto. Der kann so was. Die anderen konnten nur im gemachten Nest sitzen. Fett sind sie geworden! Ich habe ja immer für alles gesorgt, gekocht, geputzt, arbeiten bin ich da auch noch gegangen. Samira hätten die trotzdem nie zum Pferd gefahren! Das hätte auch noch ich machen müssen!«

»Frau Melzer, können wir ...«

»Männer sind ja alle gleich. Jetzt habe ich mal Glück gehabt. Aber da muss man auch mal abwarten, was da noch kommt! Haaahaaahaaahaaa! Nein, Quatsch. Mein jetziger Partner, der ist eine Ausnahme. Da bin ich froh. Es ist ja nicht so leicht, in meinem Alter noch einen Mann zu finden. Meine Wohnung ist ja auch nicht groß.«

Hä?

»Die wollen ja alle immer sofort bei mir wohnen! Ich mache ja auch alles. Kein Wunder! Aber mein jetziger Partner wohnt nicht hier. Der ist da anders. Und da lege ich auch erst mal Wert drauf. Ich mache das nicht mehr! Mit mir nicht mehr! Samira braucht ihr eigenes Reich. Das hat sie auch. Ich habe für alles gesorgt. Jetzt hat sie ein neues Bett und ganz neue Schränke. Die Dame hat alles! Die Mama muss sehen, wo sie bleibt. Ich schlafe ja auf der Couch. Also, die kann man natürlich zu einem Bett machen, da schläft man auch sehr gut. Aber ein Bett habe ich nicht, die Dame schon. Mein jetziger Partner kann hier nicht auch noch wohnen. Da müssen wir gucken, wie es läuft, und dann kann man sich ja eine neue Wohnung zusammen suchen. Da hat dann jeder sein Reich. Nicht nur die Dame!«

»Frau Melzer ...«

»So, können wir dann mal über die Schule sprechen?«

Yes! »Ja, also Samiras Leistungen haben sich nicht verändert.«

»Also ausreichend?«

»Ja.«

»Gut, dann hat sie sich wenigstens nicht verschlechtert, die Dame. Das hat sie von der Mutter. Ich konnte auch keine Aufsätze schreiben. Woran muss sie denn arbeiten?«

»Sie muss ihre Gedanken besser strukturieren. Ihre Texte sind immer völlig wirr.«

»Ja, die Dame ist auch wirr! Weiß nicht, wann acht Uhr ist und wann sie daheim zu sein hat, weiß nicht, wo ihr der Kopf steht. Immer nur Pferd, Pferd, Pferd. Da kann sie an alles denken! Aber wenn sich das nicht ändert, dann lernt sie mich mal kennen! Dann hat es sich ausgeritten! Haaahaaahaaa!«

»Hehe.«

»Gut, Frau Pause. Ich bedanke mich für Ihren Anruf, aber ich habe jetzt keine Zeit mehr. Ich muss kochen, mein neuer Partner kommt gleich, und der soll was essen, bevor wir Samira am Reitstall abholen.«

»Dann wünsche ich guten Appetit.«

»Haaahaaahaaahaaa! Tschüss dann!«

»Tschüss!«

Aufgelegt. Mein Ohr blutet. Aber das macht nichts, die Frau Pause macht das schon. Die macht alles. Wenn die Mama reden will, dann ist Frau Pause sofort am Start. Die schenkt ihr die Aufmerksamkeit, die sie braucht. Hauptsache, Frau Melzer behält ihre Männer. Und ein Pferd will ich auch nicht.

Nur von Männern

Auch andere Eltern, denen sonst wohl nicht zugehört wird, erzählen gerne von ihrem Privatleben. Anders kann ich mir nicht erklären, warum gerade ich bestimmte Dinge erfahren sollte. So bin ich zum Beispiel auch voll über Frau Zells ehemaligen Ehemann informiert, und zwar über wesentlich intimere Details, als mir lieb ist.

In der Schule zeigt mir Noah aus der sechsten Klasse eine kleine Notiz seiner Mutter, in der sie mich bittet, sie anzurufen, weil sie zum Elternsprechtag aus terminlichen Gründen nicht kommen könne. Mir ist das recht, also melde ich mich nach einem langen Tag am frühen Abend bei Frau Zell.

»Hallo?«

»Hallo, Frau Zell, hier ist Pause.«

»Ah, Gott sei Dank sind Sie es!«

»Wen hatten Sie denn erwartet?«, frage ich lachend, weil sie so erleichtert scheint. Das passiert selten, wenn ich Eltern anrufe.

»Meinen Exmann, also Noahs Vater. Der meldet sich wieder vermehrt.«

»Ist das ein Problem?«

Ich weiß in dem Moment, in dem ich die Frage stelle, dass ich lieber hätte still sein sollen.

»Ja, Frau Pause. Sie kennen meinen Ex nicht. Der bringt mir alles durcheinander, wenn ich ihn lassen würde. Noah ist ja ein schwieriger Junge. Ich weiß schon gar nicht mehr, was ich mit ihm machen soll. Ich komme gar nicht mehr klar mit ihm. Und mein Ex macht alles nur noch schlimmer.«

Ich sehe die Möglichkeit, das Gespräch auf Noah zu lenken, und sage: »Ich kann Sie vielleicht ein bisschen beruhigen, wenn ich Ihnen sage, dass Noah sich in der Schule eigentlich ganz gut gemacht hat. Manchmal ist er unaufmerksam oder leistet sich mal einen kleineren Ausrutscher, ansonsten verhält er sich aber nett und freundlich jedem gegenüber.«

Noah war eine Zeit lang etwas schwierig, hat sich in den letzten Monaten jedoch wieder zum Positiven verändert.

»Das ist gut zu hören. Aber ich bin mit ihm überfordert. Zu Hause macht er gar nicht, was er machen soll. Ich kann nicht mit ihm sprechen. Er ist nur noch bockig und richtig gemein zu mir. Neulich hat er doch glatt zu mir gesagt, ich solle den Mund halten. Nein – Mund hat er nicht gesagt, Sie können sich wahrscheinlich denken, was das Wort war. Solche Ausdrucksweisen hat er von seinem Vater geerbt.«

Dieser Theorie kann ich nicht beipflichten. »Ich denke eher, er hat sich das irgendwo abgeschaut, Frau Zell.«

»Das kann er sich aber nirgends abgeguckt haben. In solchen Kreisen verkehrt er nicht. Nur sein Vater ist so, und den sieht er zum Glück nur zwei Mal im Jahr. Ich habe ja viel zu tun und bräuchte eigentlich auch mal

Hilfe, aber der kann mir nicht helfen. Der soll bleiben, wo er ist.«

»Das ist blöd. Vielleicht haben Sie ja Freunde oder Verwandte, die Ihnen ein bisschen unter die Arme greifen können?«

»Die sind alle mit ihren eigenen Problemen beschäftigt. Jeder hat halt sein Päckchen zu tragen. Ich muss mich alleine mit Noah abmühen. Aber ich sehe da momentan kein Fortkommen.«

»Wie gesagt, in der Schule hat sich Noahs Verhalten sehr gebessert.«

»Das hilft mir nicht. Zu Hause ist er nach wie vor nur rebellisch.«

Eigentlich könnte sie sich doch auch zumindest ein wenig freuen, dass Noah in der Schule wieder ganz gut klarkommt, oder? »Seine Leistungen sind auch in Ordnung. Aber das war ja bisher nie ein Problem«, sage ich.

»Nein, das klappt. Da bin ich auch hinterher, wenn ich Zeit habe. Nur in Mathe ist er keine Leuchte. Das hat er auch von seinem Vater.«

Ich hoffe, dass sie Noah nicht ständig erzählt, dass er lauter schlimme Sachen von seinem schlimmen Vater geerbt hat.

»Mein Ex kann noch nicht mal zwei und zwei zusammenzählen. Der hat nichts im Kopf. Früher war ich zu dumm, um das zu merken. Oder ich wollte es nicht sehen. Wenn man jung ist, spielen ja die unwichtigen Dinge eine zu große Rolle. Mein Ex ist groß und sieht gut aus, das muss man sagen – ein Baum von einem Mann. Aber nichts im Kopf.«

»Aha.«

»Trotzdem hat er mich behandelt, als wäre ich die Dumme. Ist das zu glauben? Ich musste mich immer unterordnen. Und in einem Ton hat der mit mir geredet! Gott sei Dank hat Noah das nicht mehr mitbekommen. Der war ja noch sehr klein, als wir uns getrennt haben.«

»Ja, ich weiß.« Das hat sie mir nämlich schon in unserem ersten Gespräch erzählt. Weitere Informationen hat sie mir damals noch erspart.

»Ich hoffe, Sie geben sich nicht mit solchen Männern ab, Frau Pause. Das muss nämlich nicht sein. Man sieht ja, was dabei herauskommt. Noah ist nicht umsonst so schwierig.«

Ich erzähle ihr jetzt sicher nichts aus meinem Privatleben, falls sie darauf hinauswill. Daher antworte ich: »Noah hat vielleicht nur eine Phase, Frau Zell. Er war doch nicht immer so aufmüpfig.«

»Nein, früher nicht. Aber jetzt kommt der Vater durch. Ich werde noch viel Arbeit haben, ihm das abzugewöhnen.«

»Da Noah sich in der Schule so sehr gebessert hat, glaube ich schon, dass er das auch noch zu Hause hinbekommt. Vielleicht liegt es auch am Alter. Viele Kinder provozieren ihre Eltern eine gewisse Zeit lang gerne.«

»Aber nicht so. Mein Exmann hat auch immer seinen Kopf durchsetzen müssen. Wenn ich etwas nicht wollte, worauf er gerade Lust hatte, dann war aber was los. Und ich habe nichts gesagt. Das ist doch schlimm, oder nicht?«

»Mhmh.«

»Selbst im Bett ging es nach seinen Regeln.«

So. Jetzt muss ich mich leider ausklinken. Die Bettge-schichten der Eltern meiner Schüler gehen mich NICHTS an. Und das ist auch gut so.

»Lassen Sie uns lieber über Noah sprechen, Frau Zell. Ich habe nicht mehr so viel Zeit.« Das stimmt nicht, aber irgendwie muss ich mir hier raushelfen.

»Oh, ich will Sie nicht aufhalten. Wir können auch morgen noch einmal telefonieren.«

»Nein, nein. Das ist gar nicht nötig. Bei Noah gibt es ja gerade nichts Problematisches, worüber man lange spre-chen müsste.«

»Ja, nur zu Hause eben. Meine Schwester hat mir schon geraten, ich soll meinen Ex mehr in die Verantwortung nehmen, damit er sich auch mal an der Erziehung beteiligt und nicht alles an mir hängen bleibt. Ich gehe schließlich arbeiten, mache hier zu Hause alles und muss mich um Noah kümmern. Aber meiner Schwester habe ich gesagt, dass ich mich lieber auf den Kopf stelle, als meinen Ex ma-chen zu lassen. Dann wird Noah ganz verhunzt.«

»Noah ist bestimmt nicht verhunzt, Frau Zell.«

»Aber er wäre es, wenn der Vater öfter hier wäre. Der hätte doch nichts weiter zu tun, als Noah alles vorzuma-chen, was er nicht tun soll. Saufen, das kann er. Von dem kann ich keine Hilfe erwarten.«

Ich bin offenbar nicht fähig, das Gespräch von Frau Zells Exmann abzulenken. Sie möchte auch gar nicht über etwas anderes sprechen. Noah ist nur das Medium, das es ihr erlaubt, sich bei mir über seinen Vater auszulassen. Und das hat sie anscheinend dringend nötig. Ich würde aber vorschlagen, besser einen Therapeuten aufzusuchen.

Sie sagt: »Was soll's. Wenn es schon im Bett nicht klappt, wo dann sonst?«

Das war's. »Ich muss jetzt leider los, Frau Zell. Ich melde mich bei Ihnen, wenn es etwas gibt, in Ordnung?«

»Ist gut. Das kann ja nicht so lange dauern, so wie ich meinen Sohn einschätze.«

»Ich glaube, da liegen Sie falsch. Warten Sie mal ab.«

»Wir werden es ja sehen. Tschüss.«

»Tschüss. Einen schönen Abend noch.«

Sie bedankt sich und legt auf. Ich werde mich bei Frau Zell in nächster Zeit ganz sicher nicht mehr telefonisch melden. Am besten schreibe ich ihr nur noch. Schriftlich wird sie mir wohl nichts über ihren Exmann und seine Beischlafgewohnheiten mitteilen. Obwohl – man weiß nie. Wenn Eltern aufmerksame Zuhörer brauchen, ist ihnen nichts zu privat, wie man sieht. Und Noah? Ich hoffe, Frau Zell lässt ihn mit den Geschichten über ihren Exmann in Ruhe. Und ich hoffe, sie ist nett zu ihrem Sohn, auch wenn sie seinen Vater nicht mehr mag. Aus den letzten beiden Jahren kenne ich sie als wohlwollende Mutter. Deshalb vermute ich, dass sie Noah nicht allzu sehr nervt und ihn trotz ihrer Beschwerden liebevoll erzieht. Zum Nerven bin ich da.

Mein Kind tut so etwas nicht!

Wissen Sie, wie viele fromme Lämmer bei uns in der Schule herumlaufen? Ich kann sie gar nicht zählen! Es sind alles ganz liebe Kinder und Jugendliche, die keiner Fliege etwas zuleide tun können. Diese Schüler müssen viel ertragen, denn sie werden ständig fälschlicherweise beschuldigt. Wir Lehrer und auch die paar Schüler, die nicht zu den Schäfchen gehören, machen ihnen das Leben schwer.

Zu dieser Annahme könnte man kommen, wenn man den Eltern glaubt, die jetzt vorgestellt werden. Es ist unglaublich, wie sehr sie auf ihre Kinder vertrauen – egal, was diese sich geleistet haben. Der Lehrer sagt, das Kind habe sich nicht richtig verhalten? Kann nicht sein. Nicht dieses Kind! Das Kind hat nichts falsch gemacht, dazu ist es gar nicht in der Lage – daran halten die Eltern unbeirrbar fest, sogar, wenn die Kinder selbst für ihre »Fehler« geradestehen wollen. Keiner kann sie davon überzeugen, dass auch ihr Kind sich vielleicht nicht immer tadellos verhält. Wenn ein Fehlverhalten vorliegt, sind immer die anderen die Schuldigen, und die müssen zur Rechenschaft gezogen werden. Oder der Lehrer lügt. Ob diese Vorstellungen vom eigenen Kind aus einer unglaublichen Naivität resultieren? Ich bin eher geneigt, zu vermuten, dass es schlicht Bequemlichkeit ist. Dann muss man sich nämlich nicht der Erziehungsaufgabe stellen. Die wurde schließlich bereits vorzüglich erledigt, sonst wäre der Sprössling nicht so perfekt.

Manche der Geschichten sind so absurd, dass man sie kaum glauben mag. In diesem letzten Kapitel werden Sie mit Vergiftungsversuchen, Erpressungen, Diebstählen, ausdrucksvoller Schülerkunst, vermeintlichen Nichtrauchern und vor allem mit Eltern konfrontiert, die sich selbst wie Kinder benehmen.

Die Erdbeere

Gerade habe ich meinen Geschichtsunterricht in Klasse acht beendet. Die Schüler müssen nach dieser Stunde den Raum wechseln. Wie immer stehen sie auf, packen ihre Sachen zusammen und verlassen nach und nach das Klassenzimmer. Dabei unterhalten sie sich, und wie Acht-klässler nun einmal sind, tun sie dies nicht etwa leise, sondern ziemlich laut. Dagegen kann man wenig ausrichten. Ich tue fast dasselbe, also zusammenpacken und rausgehen, nur das Herumschreien lasse ich weg.

Als ich als Letzte durch die Tür gehe, sehe ich, wie Luca mit Tränen in den Augen neben dem Türrahmen steht. Vor ihm Niko, der beschwichtigend auf ihn einredet: »Das war doch nur Spaß! Beruhig dich mal!«

Ich schließe die Tür ab und drehe mich zu den beiden. »Was ist los?«

Luca wird wütend: »Ich hab da keine Lust mehr drauf, Alter! Immer ich!«

»Worauf hast du keine Lust mehr?«, frage ich.

»Egal!« Luca schluchzt, ich schaue Niko fragend an.

»Wir haben uns eben ein bisschen geärgert. Noel war auch dabei«, erklärt der.

Luca schreit: »Ein bisschen geärgert? Ihr habt MICH festgehalten und GESCHLAGEN!«

Niko wird jetzt auch ein bisschen wütend. »DU hast UNS doch vorher in der Klasse schon geboxt! Und die ganze Zeit beim Rausgehen!«

Luca zeigt auf sich selbst. »ICH?«

»Ja, DU!«

»Mir reicht's! Ihr KÖNNT mich mal!« Luca nimmt seine Tasche und geht.

Ich rufe hinter ihm her: »Warte!«

»NEIN!« Er stapft um die Ecke, und weg ist er.

Ich frage Niko: »Was war denn jetzt genau?«

»Luca hat uns beim Einpacken die ganze Zeit geschubst und geboxt. Aus Spaß halt. Da hat Noel ihn vor der Tür festgehalten, und ich habe einmal gegen sein Bein getreten. Aber nur leicht. Und Noel hat ihm ein Stück Erdbeere in den Mund gesteckt. Dabei hat Luca noch gelacht!«

Ich glaube ihm, denn ich weiß, dass Luca kein Unschuldsengel ist. Zudem habe ich selbst schon öfter sehen dürfen, wie die Jungs sich aus Spaß boxen und treten. Das ist in der frühen Mittelstufe eine Art lustiger Sport für sie. Und Luca ist einer der führenden Champions darin. Trotzdem: »Okay. Aber du weißt ganz genau, dass das nicht geht. Ihr könnt nicht jemanden festhalten, treten und ihm dabei noch etwas in den Mund stecken, ganz egal, was vorher gelaufen ist.«

»Nur eine Erdbeere!«

»Das ist völlig egal. Das geht nicht!«

»Luca macht immer alles Mögliche und kriegt nie Ärger, weil er dann heult! Das ist doch unfair! War ja nur Spaß!«

»Mit Luca spricht auch noch jemand. Keine Angst. Aber jetzt geht es um dich und Noel. Dieses Verhalten geht eben nicht, und das weißt du genau.«

Niko nickt.

»Ich sage Frau Bünder Bescheid, und dann sehen wir mal, was zu tun ist. Du kannst gehen. Und halte dich bedeckt, wenn du Luca siehst.«

Niko schlappt Richtung Treppe.

Frau Bünder ist die Klassenlehrerin der drei Schüler und hat jetzt zusammen mit mir Pausenaufsicht. Ich finde sie auf dem Hof und erzähle ihr, was passiert ist. Sie rollt mit den Augen. Kein Wunder, denn sie muss sich ständig mit solchen Geschichten herumschlagen – achte Klassen eben. Wir sind uns einig darüber, dass auch Luca mit Sicherheit seinen Beitrag zu dem Vorfall geleistet hat. Frau Bünder will morgen alle drei noch einmal befragen und dann überlegen, welche Konsequenzen gezogen werden.

Am nächsten Morgen habe ich wieder Geschichte in Frau Bünders Klasse. Luca fehlt. Ich mache mir darüber keine Gedanken – warum auch? – und halte wie immer meinen Unterricht.

In der ersten Pause kommt Frau Bünder auf mich zu. »Wilma, du sollst Frau Pinto anrufen.« Frau Pinto ist Lucas Mutter.

»Warum denn?«, frage ich.

»Die spinnt! Sie hat mich gestern schon angerufen wegen diesem Erdbeervorfall und war stinksauer. Sie wollte wissen, wer da Unterricht hatte, und das warst ja du. Ruf sie am besten heute zurück, aber mach dich auf was gefasst.«

Frau Bünder rollt wieder mit den Augen. Ich bin meistens auf etwas gefasst. Frau Pinto kenne ich noch nicht, mal sehen. Nach der Schule setze ich mich ans Telefon im Elternsprechzimmer.

»Pinto?«

»Hallo, hier ist Pause, Lucas Lehrerin. Spreche ich mit seiner Mutter?«

»Ja! Gut, dass Sie sich endlich melden, ich war schon drauf und dran, bei der Schulleitung anzurufen!«

»Ich hatte den ganzen Vormittag Unterricht, Frau Pinto.«

»Ja, aber man muss doch eigentlich sehen, was Priorität hat. Aber jetzt kann ich ja mit Ihnen reden.«

Genau. Man muss wissen, wo die Prioritäten liegen. Soweit ich weiß, ist niemand gestorben. In dem Fall beim Unterricht, das ist nämlich meine vormittägliche Arbeit, für die ich bezahlt werde. »Frau Bünder sagte mir, es ginge Ihnen um den gestrigen Vorfall mit Luca.«

»Worum sonst? Es ist eine FRECHHEIT!« Frau Pinto scheint noch aufgeregter als ihr Sohn gestern. »WIE KANN DAS SEIN?«

Ich muss den Hörer etwas von meinem Ohr entfernen, damit es mir bei der Lautstärke nicht wehtut. Ich traue mich kaum zu fragen, worüber sie sich genau aufregt, muss ich aber.

»Was meinen Sie denn genau, Frau Pinto?«

»Das fragen Sie noch? Natürlich meine ich das, was meinem Kind da angetan wurde! Und Ihr Verhalten!«

Soweit ich weiß, habe ich Luca nichts getan.

»Wie kann es sein, dass Luca so gemobbt wird! Dass man ihm verdorbene Lebensmittel einflößt! Und das alles passiert während Ihrer Anwesenheit! Sie haben doch eine AUFSICHTSPFLICHT!«

Das ist viel auf einmal und so auch nicht ganz richtig.

»Am besten erzähle ich Ihnen, was gestern genau passiert ist, damit hier keine Missverständnisse entstehen«, schlage ich vor.

»Mein Sohn hat mir alles berichtet! Glauben Sie, der lügt?«

»Nein, das glaube ich nicht. Aber es kann ja durchaus unterschiedliche Perspektiven geben. Lassen Sie mich einfach erklären, was sich gestern aus meiner Sicht zugetragen hat.«

»Wenn Sie meinen, dann tun Sie das.«

Gut. Das wäre schon geschafft. »Also, nach dem Unterricht kam ich aus der Tür und habe gesehen, wie Luca weinte.«

Frau Pinto unterbricht mich sofort. »Das ist doch schon ein ALARMZEICHEN! So was kann man doch nicht so stehen lassen!«

Hätte ich die Feuerwehr rufen sollen, oder was? »Lassen Sie mich doch erst einmal ausreden.«

Schweigen, also fahre ich fort: »Ich bin zu ihm gegangen, und da stand auch Niko.«

»PAH!« Sie schnaubt wie ein Pferd.

Ich ignoriere das. »Ich habe gefragt, was los ist. Niko hat zugegeben, dass er Luca zusammen mit einem anderen Schüler festgehalten hat, die beiden ihn getreten und ein Stück Erdbeere in seinen Mund gesteckt haben.«

»Sehen Sie! Das KANN NICHT SEIN!«

Wieder muss ich das Telefon weghalten, damit mir der Kopf nicht platzt.

»Da haben Sie recht. Das ist unmöglich und wird auch Konsequenzen haben.« Das sage und meine ich auch ganz ernst. »Soweit ich weiß, haben die drei sich vor diesem Vorfall gegenseitig geärgert und geboxt – zum Spaß, wie sie sagen. Das Ganze ist dann wohl umgekippt.«

»NIE IM LEBEN hat LUCA jemanden aus Spaß geschlagen! Ich kenne doch meinen Sohn! Der macht so was nicht!«

»Das kam schon vor, Frau Pinto. Aber darum geht es jetzt ja gar nicht.«

»Was unterstellen Sie meinem Kind? Luca ist hier ein Opfer! Und keiner nimmt das ernst! Ich überlege schon, ob ich die anderen Eltern verklage! Mein Sohn wurde VER-GIFTET! Das haben die doch mit Absicht gemacht! Jetzt liegt er hier und hat FIEBER!«

Ich kann gerade nicht reagieren. Wovon spricht Frau Pinto? Sie glaubt doch nicht ernsthaft, dass Niko und Noel ihren Sohn mit einer Erdbeere töten wollten. Wie absurd ist das? Da ich nichts sage, schreit Frau Pinto weiter: »KEI-NER interessiert sich hier für Luca! KEINER hat hier an-gerufen! Was sind denn das für Eltern?«

Ich habe mich wieder gefasst. »Frau Pinto, ich glaube nicht, dass Luca vergiftet werden sollte. Dass jemand etwas in den Mund gesteckt bekommt, geht nicht. Aber dabei gab es bestimmt nicht die Absicht, Luca gesundheitlich zu schaden.«

»WAS SOLL DENN SONST DIE ABSICHT GEWESEN SEIN?«

Gleich lege ich einfach auf. Nicht, weil Frau Pinto völlig übertreibt; ihre Theorien finde ich langsam sogar recht interessant, weil sie so abwegig sind. Was sie sich wohl sonst noch so ausdenkt? Meine Sorge gilt mehr meiner eigenen Gesundheit. Die Frau schreit mittlerweile nämlich so laut, dass ich mir sicher bin, mindestens kurzzeitig an einem Tinnitus zu leiden, wenn ich das Gespräch beendet habe.

»Die beiden haben diese Aktion für Spaß gehalten. Es ist und bleibt ein unangemessenes Verhalten, aber bestimmt wollten sie Luca nicht vergiften.«

»FRAU PAUSE!!! Ich bezeichne das sehr wohl als Vergiften, wenn man jemandem verdorbene Lebensmittel gewaltsam einflößt! Mein Kind liegt hier und hat FIEBER!«

Luca bekommt Fieber von einer Erdbeere. Interessant!

»Soweit ich weiß, handelte es sich, wie gesagt, um eine Erdbeere.«

»Ach! Mit der hat doch etwas nicht gestimmt! Sonst würde Luca ja jetzt nicht so hier liegen!«

»Vielleicht ist er auch einfach krank?« Ich weiß bereits in diesem Moment, dass ich das hätte nicht sagen sollen.

»ICH BITTE SIE! MAN WIRD DOCH NICHT VON JETZT AUF GLEICH KRANK!«

Doch! Manchmal schon!

»Luca wurde gemobbt und gefährdet. Das kennen wir ja. Das war schon immer so. Aber SO WAS haben auch wir noch nicht erlebt. Und Sie machen nichts! Sie hätten das Ganze verhindern müssen! Wo waren Sie denn?! In Ihrem Unterricht darf das nicht passieren!«

Jetzt also ich. »Das Ganze hat sich nach meiner Stunde zugetragen, während die Schüler den Raum verlassen haben. Was vor der Tür passiert, kann ich nicht sehen, wenn ich noch im Raum bin.« Was soll ich denn machen? Jeden einzeln hinausgeleiten?

»SIE HABEN AUFSICHTSPFLICHT!«

»Ja, ich weiß. Aber es ist nicht möglich, jeden Einzelnen immer und überall im Blick zu haben. Die Klasse hat 30 Schüler, das geht nicht, wenn alle zusammenpacken und in einen anderen Raum gehen.« Das muss doch auch dieser Frau einleuchten!

»Dann muss man jemanden dafür bereitstellen! Ich schicke mein Kind in die Schule in der Annahme, dass da für Luca gesorgt wird. Genau wie ich das mache. Stattdessen wird er fertiggemacht und angegriffen!«

»Es ist einfach nicht möglich, alle Schüler immer zu begleiten, Frau Pinto. Das war in Ihrer Schulzeit doch nicht anders!«

»Ja, aber ich wurde auch nicht immer so angegangen wie mein Sohn! Das waren andere Zeiten!«

Luca wird nicht *immer so angegangen*! Er teilt auch sehr gerne aus! Eine ständige Begleitung durch einen eigens dafür abgestellten Lehrer käme ihm sicher nicht zugute. Ich kann mich nicht mehr zurückhalten: »Luca kommt in der Klasse doch eigentlich ganz gut zurecht. Und es ist nicht so, dass er die anderen nie ärgert!«

»DAS IST EINE UNTERSTELLUNG!«

Nein, es ist die Wahrheit!

»Luca hat einen ganz großen Gerechtigkeitssinn! Und er ist sensibel! Er würde die anderen nie verletzen!«

Es ist unglaublich. Frau Pinto kennt ihren Sohn nicht. Für einen Moment sagt keiner von uns beiden etwas.

»Ich werde mir überlegen, ob ich rechtliche Schritte gegen die anderen Eltern einleite, Frau Pause! Und ich erwarte, dass die Schüler ordentlich bestraft werden für ihr Verhalten! Wenn meinem Sohn etwas passiert, dann können Sie mich kennenlernen! Danke für Ihren Anruf.«

Aufgelegt.

Frau Pinto muss sich untersuchen lassen. Die eigentliche Kranke scheint nämlich sie selbst zu sein. Wahrscheinlich leidet sie unter Paranoia oder etwas Ähnlichem. Die ganze Geschichte ging aber doch glimpflich aus. Nachdem Frau Bünder noch einige Male mit Frau Pinto telefoniert hatte, konnte sie sich ein wenig beruhigen. Sie glaubt zwar noch immer, dass man ihrem Sohn ernsthaft schaden wollte, und auch, dass Luca selbst fromm wie ein Lamm in der Gegend herumläuft, aber rechtliche Schritte hat sie sich gespart. Zum Glück. Das wäre peinlich geworden – für Frau Pinto.

Kleine Erpressung

Auch Chiara gehört zu den frommen Lämmern unter den Schülern, wenn man ihre Eltern fragt. Nie würde ihr etwas Böses in den Sinn kommen!

Chiara ist elf Jahre alt und geht in die fünfte Klasse. Sie sieht aus wie ein kleiner Engel: ein fein gezeichnetes Gesicht, blonde lange Haare und große blaue Augen. Damit sieht sie ihr Gegenüber immer etwas verständnislos an. In ihrer Klasse war sie zu Beginn als Freundin heiß begehrt. Das änderte sich ein wenig, als Chiara begann, die anderen Mädchen gegeneinander aufzuhetzen. Manche zogen es daraufhin vor, sich von ihr fernzuhalten. Dennoch gab es in dieser Klasse ständige Streitereien unter den Mädchen, und Chiara war immer daran beteiligt. Für uns Lehrer waren diese Auseinandersetzungen, von denen man in den meisten Fällen von irgendeinem Schüler in Kenntnis gesetzt wird, an der Tagesordnung. Als Erwachsener kann man leider recht wenig ausrichten, wenn Kinder wütend aufeinander sind. Zudem müssen sie lernen, ihr soziales Leben selbst zu ordnen und zu pflegen. Deshalb versucht man, nur dann einzugreifen, wenn es nötig wird. In diesem Fall war es nötig.

In der nächsten Stunde unterrichte ich in Klasse fünf Deutsch. Ich gehe die Treppe hinauf, und wie es oft der Fall ist, kommt mir Marie entgegen. Meistens begleitet sie mich dann bis zur Tür und unterhält sich dabei mit mir. Ich kann schon sehen, dass sie heute sehr aufgeregt ist.

»Frau Pause!«

»Hallo, Marie!«

»Die prügeln sich!!!«

Ich beginne, hinter Marie herzulaufen, die in Richtung Klasse fünf rennt. Dort sehe ich einen Pulk von Schülern, die entweder schreien oder entsetzt in die Mitte des Raums starren, wo Rabea und Jenny sich gerade gegenseitig brutal die langen Haare ausreißen. Ich schreie laut: »HEY!«

Alle drehen sich um zu mir, mit Verzögerung auch die beiden Kampfhennen.

»AUF DIE PLÄTZE!«

Es ist ganz still in der Klasse, und alle gehen mit gesenktem Kopf zu ihrem Stuhl. Die Begrüßung lasse ich zuerst einmal weg. Stattdessen sehe ich Rabea und Jenny ernst an. »Was war hier los?«, frage ich.

Zuerst sagt niemand etwas. Zögerlich meldet sich dann Rabea: »Jenny ist einfach auf mich losgegangen«, sagt sie mit zitternder Stimme.

Jenny starrt auf den Boden. Ich frage weiter: »Warum, Jenny?«

Ich bekomme keine Antwort von ihr. Rabea weint mittlerweile, und Jasmin meldet sich. Ich nehme sie dran.

»Also, Jenny hat auf einmal geschrien, dass Rabea nicht lügen soll. Rabea hat gefragt, was sie denn gemacht hat, und dann hat Jenny gebrüllt, dass sie das genau weiß, und dann haben sie sich geprügelt.«

Alle anderen nicken. Jenny und Rabea sagen nichts. Ich betrachte die Schüler eine ganze Weile und warte auf sonstige Reaktionen. Da keine kommen, gebe ich ihnen eine schriftliche Aufgabe und setze mich vor die Tür der Klasse, zunächst zusammen mit Rabea, die noch immer weint. Ich kann sie ein wenig beruhigen und frage dann weiter nach. Rabea behauptet steif und fest, dass sie nicht wisse, wieso Jenny so wütend war. Also schicke ich sie wieder in die Klasse und nehme Jenny mit nach draußen. Von ihr erfahre ich folgende Geschichte: »Rabea hat irgendjemandem erzählt, dass sie Chiara jeden Tag Geld mitbringen muss. Jetzt denken das ganz viele. Da bin ich sauer geworden.«

Ich bohre ein bisschen weiter und bekomme von Jenny erzählt, dass sie sich gestern mit Chiara getroffen habe, die ihr anvertraute, dass Rabea eben diese Lüge über Chiara selbst verbreite. Chiara fand das gemein und war darüber sehr traurig. Jenny dagegen wurde wütend auf Rabea, denn Chiara tat ihr leid. Heute bekam sie mit, wie zwei andere über Rabea und ihre täglichen Zahlungen an Chiara sprachen, und da flippte Jenny aus. Eine loyale Freundin.

Ich weiß noch nicht so genau, was ich davon halten soll. Also rufe ich Rabea noch einmal zu mir und erkläre ihr, was ich von Jenny gehört habe. Rabea beginnt sofort wieder zu weinen. »Aber das stimmt, Frau Pause! Ich muss Chiara wirklich jeden Tag Geld geben.«

Unter Tränen erzählt sie mir, dass sich Chiara von Rabeas morgendlichen Zahlungen in der ersten Pause täglich ein Croissant gönne. Chiara habe ihr weiterhin gedroht, dass sie, sofern der Geldfluss einmal abreiße, überall herumerzählen werde, welch schlimme Dinge Rabea über die anderen Mädchen der Klasse verbreite. Kompliziert.

Ich bin mittlerweile doch etwas entsetzt. Was passiert hier eigentlich? In meinem investigativen Treiben schicke ich jetzt Rabea wieder zurück und nehme Chiara mit vor die Tür. Ich spreche sie auf die Vorwürfe an, aber sie sieht mich nur aus leeren Augen an und sagt: »Ich habe nichts gemacht.«

Momentan kann ich also nichts weiter tun, denn ich habe noch keine Beweise gegen irgendwen. Aufgrund des Verlaufs der Gespräche verdächtige ich Chiara allerdings der Erpressung, das muss ich zugeben. Wieder in der Klasse halte ich eine Rede darüber, dass man Probleme nicht mit Gewalt lösen kann, und kündige Konsequenzen für dieses Verhalten an. Genauso drohe ich Chiara mit Konsequenzen, falls diese unglaubliche Geschichte, die ich da gehört habe, stimmen sollte. Im Lehrerzimmer erzähle ich Frau Wiesinger, der Klassenlehrerin, ganz genau von dem Vorfall. Die ist natürlich genauso entgeistert wie ich und will die weiteren Nachforschungen übernehmen.

Ich will jetzt nicht weiter davon berichten, wer in diesem Fall wann und über was mit wem gesprochen hat. Das wäre viel zu umständlich: »Der hat gesagt, dass die gesagt hat, dass der gesagt hat …« Vielleicht kennen Sie das. Zum Schluss kam jedenfalls heraus, dass Chiara Rabea tatsächlich etwa zwei Monate lang erpresst hat. Chiaras Freundin Anna hatte sie dabei erwischt und lange geschwiegen, knickte im Gespräch mit ihrer Klassenlehrerin jedoch ein. Rabeas Mutter, mit der Frau Wiesinger telefoniert hatte, konnte sich nun erklären, warum sie ihre Tochter bereits zwei Mal an ihrer Geldbörse erwischt hatte. Und Chiara bestritt ab dem Zeitpunkt, zu dem die Beweise gegen sie standen und keiner aus der Klasse sie mehr stützen konnte, nichts mehr. Zudem verriet sie sich auch noch, weil sie behauptete, an einem Tag nur 1,50 Euro von Rabea verlangt zu haben. Ansonsten schwieg sie.

Erpressung ist kein Kavaliersdelikt, deshalb zieht eine solche Geschichte natürlich Konsequenzen nach sich. Dazu gehört, dass ein Elterngespräch geführt wird. Frau und Herr Wenge, Chiaras Eltern, wurden von Frau Wiesinger eingeladen, und auf Wunsch der Eltern sollte auch ich am Gespräch teilnehmen.

Am Tag des Elterngesprächs treffen sich alle um Punkt 13 Uhr im dafür vorgesehenen Sprechzimmer. Zugegen sind die Eltern, ein Konrektor, Frau Wiesinger und ich.

Der Konrektor beginnt das Gespräch: »Zunächst einmal freuen wir uns, dass Sie gekommen sind, Herr und Frau Wenge. Ich würde vorschlagen, dass wir zunächst aus unserer Sicht berichten, was sich zugetragen hat. Am besten können das wohl die beiden Kolleginnen.«

Ich erzähle kurz, was sich an dem Morgen der Prügelei vor etwa einer Woche ereignet hat, und Frau Wiesinger übernimmt den ganzen Rest. Der Konrektor fragt die Eltern, ob sie etwas sagen möchten. Im Gegensatz zu ihrer Tochter wollen sie.

»Chiara hat nichts gemacht!«, sagt Frau Wenge.

»Unsere Tochter wird hier nur beschuldigt. Dabei hat sie sich nichts vorzuwerfen!«, behauptet der Vater. »Chiara ist seit Wochen niedergeschlagen, weil sie keinen zum Spielen hat. Und dann so etwas!«

Der Konrektor unterbricht die Eltern: »Die Beweise sprechen ganz klar gegen Ihre Tochter. Sie hat ihr Verhalten ja sogar indirekt zugegeben.«

Die Mutter übernimmt wieder: »Da war sie wahrscheinlich völlig verwirrt durch die Anschuldigungen! Mein Kind ist zu so etwas gar nicht in der Lage! Sie sagt, ihr würde einfach keiner glauben! Wie immer!«

Ich frage mich, was es da zu glauben gibt. Gar nichts. Es ist, wie es ist. Und dass man Chiaras Aussagen manchmal mit Vorsicht genießt, hat einen Grund.

»Unsere Tochter ist eingeschüchtert, sonst gar nichts.«

»Es bringt nichts«, sagt der Konrektor, »wenn wir uns noch einmal über die Sache an sich streiten. Was passiert ist, sollte eigentlich klar sein. Wir sitzen hier, um uns über die Konsequenzen zu unterhalten.«

»Wir unterhalten uns hier nicht über Konsequenzen, wenn Chiara sich nichts vorzuwerfen hat«, meint Herr Wenge. »Meine Tochter ist hier das Opfer. Ich kann Ihnen mal erklären, was ich glaube!«

Ob uns das interessiert, wartet er nicht ab.

»Chiara wurde da ganz übel mitgespielt. Ich kenne einige von den Mädchen. Dass Rabea Probleme hatte, glaube ich ja. Aber wieso Chiara? Die ist gut erzogen und weiß, was sich gehört. Anna zum Beispiel weiß das nicht. Da würde ich an Ihrer Stelle mal nachfragen. Entschuldigen Sie, wenn ich das so sage, aber man sieht ja schon an den Lebensverhältnissen, dass da etwas nicht stimmt.«

Ich für meinen Teil entschuldige nicht, wenn Herr Wenge das so sagt. Wo leben wir denn? Annas Eltern sind geschieden, und ihre Mutter hat einen recht jungen, neuen Partner. Ich denke, darauf spielt er an.

Frau Wiesinger reagiert recht schroff: »Annas Lebensverhältnisse tun hier nichts zur Sache!«

Recht hat sie. Ich nicke für alle gut sichtbar.

Frau Wenge wird hysterisch: »Aber unsere!!! Wie kann das sein?«

Der Konrektor, Frau Wiesinger und ich schauen uns verwirrt an. Wen interessieren hier irgendwelche Lebensverhältnisse? Wieder greift der Konrektor ein: »Um Ihr Leben geht es nicht, Frau Wenge. Damit haben wir nichts zu tun, solange ein Kind nicht gefährdet scheint. Wir unterhalten uns nur über die Erpressung. Und in dieser Sache ist sicher, dass Chiara die Schuldige ist.«

»Wir kommen ja sowieso nicht gegen Sie an. Das ist doch immer so! Wir glauben unserer Tochter! Wenn sie sagt, sie hätte nichts gemacht, dann ist das so!«

Wie praktisch! Nach dieser Regel sollte ich auch verfahren – einfach alles glauben, was mir von Kindern so erzählt wird. Da wird das Leben schön leicht. Was? Du hast den Kaugummi nicht unter den Tisch geschmiert? Das war der Hausmeister? Ach so. Dann ist ja alles gut. Mach schön weiter. Ich setze mich derweil wieder hin und trinke Kaffee.

Frau Wiesinger sagt: »Aber Chiara selbst sagt ja gar nicht, dass sie das nicht war. Im Gegenteil! Sie hat gesagt, sie wollte vor einigen Wochen 1,50 Euro von Rabea haben. Da gibt es doch nichts mehr zu bezweifeln!«

Spätestens jetzt wäre ich an Wenges Stelle vor Scham im Boden versunken. Aber nicht diese Eltern. »Chiara hat sich da vielleicht Geld von Rabea geliehen. Das könnte sein. Und wenn, hat sie ihr das zurückgegeben. Wir lassen nicht zu, dass Sie hier Rufmord an unserer Tochter betreiben!«

»Rufmord betreiben wir nicht«, sagt der Konrektor.

»O doch! Wir wissen doch von Chiara, was die Kinder über sie reden.«

Wir sehen uns alle an. Keiner weiß so recht, was er sagen soll. Also wiederholt der Konrektor: »Wir kommen so nicht weiter.«

Herr Wenge steht daraufhin auf und tönt: »Das stimmt. Bevor Sie das tun, werden wir unsere Konsequenzen aus dieser Sache ziehen. Meine Tochter geht hier nicht geschädigt raus!«

Beide Eltern raffen eilig ihre Jacken und Schals zusammen und spurten zur Tür. »Das bringt doch nichts«, kann der Konrektor noch sagen, aber dann sind sie weg.

Chiara war danach eine ganze Zeit lang krankgemeldet. Wir haben sie nicht mehr gesehen. Die Eltern waren für uns und auch für Rabeas Mutter nicht mehr zu erreichen, und Chiara besuchte nach den Osterferien eine andere Schule. Die Schulleitung hat Rabeas Mutter geraten, die Polizei einzuschalten, in diesem Fall durchaus angemessen. Das wollte sie aber nicht. Chiaras Eltern schulden ihr bis heute rund 40 Euro.

Das Mädchen hat sich sicherlich schlimm verhalten. Aber warum hat sie das getan? Ganz einfach: Sie darf! Wenn einem elfjährigen Kind alles geglaubt wird, warum sollte es das nicht ausnutzen?

Künstlerische Ausdrucksweisen

Jetzt wird es unschön, in Wort und Bild. Um diese Geschichte wahrheitsgemäß und angemessen wiederzugeben, muss ich leider einige unflätige Ausdrücke zitieren, die ich sonst nirgendwo hinschreiben würde. Ich bitte im Voraus um Entschuldigung.

In meine Klasse geht ein Mädchen namens Mira. Sie ist eine derjenigen, die zwar ganz gut klarkommen, aber häufig grundlegende Dinge nicht dabeihaben. Erinnern Sie sich an die Geschichte von Leah Kehr? Auch Mira scheint mehr oder weniger sich selbst überlassen zu sein, allerdings besitzt sie wenigstens Schulbücher. Mira hat zwar glücklicherweise noch niemanden erpresst, sich dafür aber gestalterisch auf eher hässliche Weise verwirklicht.

Vor unserem Klassenraum stehen Ausstellungswände mit Schülerkunst: Es handelt sich um Bilder aus dem Kunstunterricht, die besonders schön oder interessant sind. Diese werden von Zeit zu Zeit ausgetauscht, wenn andere gelungene Werke entstanden sind. Manche hängen dort auch jahrelang, weil sie es einfach verdient haben.

An einem Montagmorgen komme ich zu der besagten Wand, davor ein Pulk schreiender Kinder aus meiner sechsten Klasse. Sophie weint. Ich sehe die Bescherung sofort. Auf einem der Bilder steht dick und fett mit schwarzem Permanentmarker geschrieben: *Sophie Köhler ist fett und hässlich!* Ich schicke alle Kinder in die Klasse, hänge das Bild ab, kann an diesem Tag aber nicht herausfinden, wer sich hier verewigt hat.

Am Dienstag habe ich ein Déjà-vu, denn ich erblicke genau die gleiche Szene wie gestern, als ich zu meiner Klasse gehe. Ich fange schon an, mir Sorgen über meinen Geisteszustand machen, bin aber schnell beruhigt, weil die Umgestaltung der Bilder heute andere Formen angenommen hat. Über eine sehr interessante Collage hat der Übeltäter ein eigenes Bild gemalt, wieder mit dickem, schwarzem Stift. Es handelt sich um die Umrisse einer dicken Frau mit Glupschaugen und riesigen Brüsten, die sich stark nach unten orientieren. Die Bildunterschrift lautet: *Sophie Köhler hat Hängetiten.* (Ja, Titen.) Ich habe noch immer keinen blassen Schimmer, wer der Übeltäter ist, mache es wie am Tag zuvor, nutze aber die Gelegenheit, um die Doppelschreibung von Konsonanten noch einmal anzusprechen.

Am Mittwoch erwarte ich bereits, dass meine Schüler sich vor der Ausstellungswand versammelt haben, und werde natürlich bestätigt. Heute ist zu lesen: *Sophie Köhler ist eine Hure. Telefon: 01 23-5 67 89 10.* Jetzt wird es mir wirklich zu bunt. Ich belasse es heute nicht mehr beim Nachfragen und Drohen, sondern lasse extra eine Hausaufgabenüberprüfung schreiben, um die Schrift auf den Bildern mit den Schriften in den Tests zu vergleichen. Als Klassenlehrerin dieser Altersstufe ist man meist über Streitigkeiten und Abneigungen informiert, wie ich bereits erzählt habe. Deshalb kommen nach meinen Überlegungen nur einige wenige Schüler als Übeltäter infrage. Und nach Durchsicht der Tests habe ich einen starken Verdacht.

Am Donnerstag, man kann es sich denken, gibt es ein viertes neues Kunstwerk zu betrachten. Ich lese: *Sophie fickt mit allen.* Es reicht. Ich schicke alle Schüler in die Klasse und behalte Mira auf dem Flur. Dort starre ich sie eine ganze Weile einfach nur böse an. Ich bin mir meiner Sache sicher. »Warum tust du das?«

Mira sagt nichts.

Ich warte wieder und sage dann: »Ich habe dich etwas gefragt. Warum, Mira?«

Sie sieht zu Boden und flüstert: »Ich war das nicht.«

Quatsch. »Du wurdest dabei gesehen.« Das stimmt natürlich nicht.

»Von wem?«, fragt sie recht erstaunt.

»Von einem Schüler aus einer anderen Klasse. Du brauchst also nichts zu leugnen.«

Wieder guckt sie nach unten. Ich wiederhole mit der bösesten Stimme, die ich hinbekomme: »Warum?«

Sie braucht ein wenig, beginnt dann aber zu reden. Mira war sauer auf Sophie. Sie hatten sich wegen einer Kleinigkeit gestritten. Dann kündigte Sophie ihr die Freundschaft, redete schlecht über sie und traf sich zudem mit einem Jungen aus der Parallelklasse, den Mira gerne mag. So die Kurzversion. Manchmal ist die Schule eine Seifenoper mit Kinderschauspielern – gute Zeiten, schlechte Zeiten.

Ich spreche lange mit Mira und versuche, ihr klarzumachen, wie verletzend und unangebracht diese Schmierereien waren. Dann mache ich ihr noch ein bisschen Angst, indem ich ihr sage, dass es strafbar ist, wenn man andere Menschen verleumdet und auch noch deren Telefonnummern veröffentlicht. Sie bekommt einen Tadel und wird verdonnert, die Wand zu säubern, denn die Bilder sind leider dauerhaft beschädigt. Außerdem darf sie nächste Woche nicht am Wandertag teilnehmen. Mit Sophie und Mira zusammen rede ich nach der Schule auch noch. Mira zeigt sich sehr kleinlaut, entschuldigt sich, die beiden sprechen miteinander und vertragen sich am Ende wieder. Nächste Woche sind sie wahrscheinlich wieder beste Freundinnen. So ist das eben.

Damit ist die Sache noch nicht ganz gegessen, denn Miras Eltern muss ich schon informieren. Ich habe mit ihnen erst ein einziges Mal gesprochen, und das war in der zweiten Schulwoche der fünften Klasse. Also weiß ich gar nicht genau, was mich erwartet. Gegen Abend rufe ich also an.

»Hallo?«

»Hallo, hier ist Pause, Miras Klassenlehrerin. Spreche ich mit Miras Mutter?«

»Ja.«

Ich kann kaum etwas hören, weil ein Kind im Hintergrund so schreit, dass einem eigentlich der Kopf platzen müsste, wenn man sich im selben Raum befindet.

»Ich rufe an, weil Mira sich in der Schule etwas ziemlich Unakzeptables geleistet hat.«

»Ja?«

»Hat sie Ihnen schon etwas erzählt?«

»Nein.«

Dieses Geschrei macht mich leicht irre. »Kann ich Ihnen erzählen, was war, oder ist das jetzt schlecht? Ich meine, weil Sie anscheinend mit einem Kind zu tun haben.«

»Nein, erzählen Sie.«

Ein bisschen wortkarg ist Frau Ostermann schon. Man könnte das sogar als Unfreundlichkeit interpretieren. Egal.

»Also, die ganze Woche über wurden Schmierereien auf Bildern im Flur hinterlassen. Darin wurde eine Schülerin aus der Klasse schlimm beleidigt, sodass die jeden Tag geweint hat. Heute kam heraus, dass Mira dafür verantwortlich war.«

»Aha?«

»Ja. Und was da stand, mal ganz abgesehen von der Beschädigung der Bilder, ist unter aller Kanone.«

Ich höre nur Schreien, sekundenlang bekomme ich keine Antwort. Dann fragt Frau Ostermann: »Was stand denn drauf?«

Ich zitiere jeden Satz.

»Aha.«

Wie, *aha?*

»Dann weiß ich Bescheid«, meint sie.

Sie möchte wohl gar nicht mehr dazu sagen. Ich erkläre ihr trotzdem noch, dass Mira nicht am Wandertag teilnehmen darf, sie die Wand säubern muss und ein Tadel noch per Post nach Hause geschickt wird.

»Gut.«

Gar nicht gut.

»Dann tschüss.«

»Tschüss, Frau Ostermann.«

Das war eigenartig. Offensichtlich interessiert es Frau Ostermann überhaupt nicht, wie ihre Tochter sich verhält. Mira tut mir jetzt ein bisschen leid, denn es liegt nahe, dass ihre Mutter sich bei anderen Dingen auch nicht allzu viel um ihre Tochter kümmert.

Zwei Stunden später, es ist bereits 21 Uhr und ich sehe mir gerade einen Film im Fernsehen an, klingelt mein Telefon.

»Pause?«

»Hier ist noch mal Ostermann.«

Jetzt bin ich erstaunt. »Hallo. Gibt es noch etwas, Frau Ostermann?«

»Das kann man wohl sagen.«

Spätestens jetzt bin ich mir sicher, dass Frau Ostermann ganz absichtlich unfreundlich ist.

»Ich habe noch mal über Ihre Geschichte nachgedacht. Mira kann mit diesen Schmierereien, von denen Sie da erzählt haben, gar nichts zu tun haben.«

Das ist eine neue Hypothese. Interessant. »Wie kommen Sie darauf, wenn ich fragen darf? Sie hat es doch zugegeben, und die Schrift war eindeutig Miras.«

»Mira kennt die Ausdrücke gar nicht. Solche Wörter nimmt sie nicht in den Mund. Das kann nicht sein.«

Das denkt auch nur Frau Ostermann. Alle Kinder kennen alle möglichen Ausdrücke – auch solche, die deren Eltern noch nicht einmal kennen. Ich sage einfach: »Es war aber so. Kinder hören doch auch überall ganz viel. Da ist Mira nicht die Einzige. Zu Hause benutzt sie diese Ausdrücke wohl nicht, das heißt aber nicht, dass sie solche Wörter nicht kennt.«

»Was wollen Sie uns eigentlich unterstellen?«

Lassen Sie mich überlegen: Ähm ... nichts! »Wieso sollte ich Ihnen etwas unterstellen wollen, Frau Ostermann?«

»Sie rufen hier an und behaupten, meine Tochter könne sich nicht benehmen! Das ist doch frech! Rufen Sie lieber mal bei der Köhler an! Die soll Ihnen mal erzählen, was ihre Tochter so abzieht!«

Abzieht. Auch keine altersgerechte Wortwahl.

»Ich weiß, dass Sophie und Mira sich gestritten haben. Das tun sie ja öfter. Aber darum geht es jetzt nicht.«

»Doch! Genau darum geht es! Sie behaupten, Mira hätte das gemacht. Fragen Sie doch mal Sophie!«

Ich komme nicht mehr mit. »Sophie war doch Gegenstand der Schmierereien!«

»Ja, und?«

Ich weiß gerade nicht, ob ich meinen Verstand verliere oder ob Frau Ostermann keinen besitzt. »Wie?«

»Denken Sie doch mal nach, bevor Sie uns beschuldigen.«

Ich habe nachgedacht! Und wieso redet sie immer von *uns*? Hat sie Mira bei ihrer künstlerischen Betätigung geholfen?

»Sophie war die ganze Zeit schon fies zu Mira. Vielleicht hat sie ihre Schrift verstellt, um ihr eins auszuwischen. Das kann man denen ohne Weiteres zutrauen!«

Was ist denn da los? Vielleicht eine Familienfehde. Köhlers spinnen gemeine Intrigen gegen Ostermanns. Damit es nicht auffällt, benutzen sie die Kinder. Und Frau Pause ist so dumm, die merkt das nicht. Ein Spielball in den Machenschaften der Köhlerschen Kabale.

»Aufgrund von Miras Reaktion und auch, weil Sophie wirklich getroffen war, kann ich mir das beim besten Willen nicht vorstellen, Frau Ostermann. Vielleicht sprechen Sie doch einfach mal mit Ihrer Tochter?«

»Das brauche ich nicht. Die kann das nicht gewesen sein. Außerdem war sie noch nicht zu Hause.«

Um diese Zeit? »Wir haben doch schon 21 Uhr!«

»Was geht Sie das an? Sie ist bei ihrer Freundin. Da kann sie bleiben, solange ich es für richtig halte. Außerdem kommt sie gleich.«

Wenn sie meint. Ich habe jedenfalls keine Lust mehr, mir Vorhaltungen machen zu lassen, nur weil Frau Ostermann ganz offensichtlich einen an der Waffel hat. Möglicherweise ist sie mit ihren Kindern überfordert, und deshalb flippt sie jetzt aus. Angriff ist die beste Verteidigung. Mit dieser Frau telefoniere ich nicht mehr weiter. »Ich würde vorschlagen, dass Sie Mira gleich auf die Sache ansprechen. Wenn dann noch Zweifel bestehen, melden Sie sich. Aber bitte nicht mehr heute.«

Und wenn sie morgen anruft und wieder solche Hirngespinste bereithält, rede ich nicht mehr mit ihr. Ich sage dann auch nur *ja* und *aha*. Man muss anpassungsfähig sein.

»Heute habe ich auch gar keine Zeit mehr.«

Das ist beruhigend. »Gut, dann bis morgen vielleicht.«

»Ja, mal sehen. Tschüss.«

»Tschüss.«

Frau Ostermann hat sich natürlich nicht mehr gemeldet – das kennen wir ja schon. Aber lustig ist, dass ich während der letzten Sätze des Telefonats einen Jungen gehört habe. Ich denke, es war Miras älterer Bruder. Und was hat er gebrüllt? *Halt die Fresse, Wichser!*

Wenn Eltern Kinder sind

Zwischen Ostermanns und Köhlers vermute ich Streit. Zwischen Familie Enders und Familie Zimmermann vermute ich das nicht nur, ich weiß es ganz sicher. Dieser Streit zieht sich schon über zwei Jahre hin, und Gegenstand der Aufregung ist nicht etwa ein Unfall, ein Grundstück oder was man sonst noch so kennt. Nein, alles dreht sich um eine ganz andere, schwerwiegende Sache: nämlich um ein Kartenspiel.

Jan Enders und Matthias Zimmermann waren seit der fünften Klasse befreundet. Seit der sechsten Klasse übten sie sich im Kartenspiel, zuerst Mau-Mau, dann stiegen sie auf Poker um. Während der achten Klasse konnte man sie in jeder Pause Karten klopfen sehen. Auch nachmittags war das eine ihrer liebsten Beschäftigungen. Eines Tages hörten diese Spiele schlagartig auf. Warum? Jan hatte Matthias' Kartenspiel aus Versehen mit in den Mülleimer geworfen. Weil er sich weigerte, es wieder herauszuangeln, war Matthias außerordentlich wütend. Die beiden sprachen schon seit fünf Tagen kein Wort mehr miteinander, dann war der Elternsprechtag.

Ich habe in meinem Klassenzimmer gerade ein Gespräch mit einer Mutter beendet, bringe sie zur Tür und möchte den nächsten Kandidaten hereinbitten. Draußen wartet nämlich Herbert Enders, Jans Vater. Ich will ihn gerade begrüßen, als Frau Zimmermann vorbeikommt.

»Aha! Jetzt habe ich einen von Ihnen«, ruft sie.

Ich fühle mich angesprochen, bin aber konfus. Hier ist schließlich alles voller Lehrer, die sich am Elternsprechtag ganz sicher nicht vor den Eltern verstecken. Ich will gerade fragen, was sie meint, als Herr Enders mir zuvorkommt: »Mit Ihnen spreche ich nicht!«

»Es wird Ihnen wohl nichts anderes übrig bleiben!«

Herr Enders rollt mit den Augen.

»Wo ist das Kartenspiel von meinem Sohn?«, fragt Frau Zimmermann.

»Was weiß ich, auf der Müllkippe!«

»Eben! Und da gehört es nicht hin!«

Alle Eltern, die in der Nähe auf ihr nächstes Gespräch warten, blicken interessiert in unsere Richtung. Ich bin auch gespannt, was passiert.

»Jetzt stellen Sie sich mal nicht so an!«, meint Herr Enders.

»Ich? Ich? Sie stellen sich an! Wenn Sie Matthias' Kartenspiel ersetzt hätten, würde ich mich nicht so ärgern müssen. Recht bleibt Recht!«

»Ach, seien Sie doch still! Ich gebe Jan morgen hundert Kartenspiele mit! Dann können Sie sich damit ein Zelt bauen!«

Den Einwurf finde ich sogar ein bisschen witzig. Aber ich hüte mich natürlich davor, jetzt zu lachen.

»Danke, wir brauchen nur eins. Und das hätte vor vier Tagen schon da sein müssen!« Frau Zimmermann macht eine kleine, dramatische Pause. »Wie der Vater, so der Sohn! Kein Wunder, dass Jan so liederlich ist.«

Herr Enders wird lauter: »Jetzt ist es aber gut! Wenn Sie noch ein Wort über meinen Sohn ...«

Frau Zimmermann ist schnell: »Ihr Sohn! Ich kenne Ihren Sohn! Mich wundert gar nichts mehr! Zuerst das Brot, dann das Kartenspiel!«

Vor einiger Zeit hatte Jan Matthias' Pausenbrot in den Mülleimer geworfen, das allerdings mit Absicht, um ihn ein bisschen zu *dissen*. Er gab ihm danach sein eigenes, und damit war die Sache für die Jungs erledigt. Vierzehnjährige finden das lustig.

»Brot! Brot!«, ruft Herr Enders aufgebracht.

»Matthias würde nie Jans Sachen beschädigen!«

Langsam wird es mir doch unangenehm. Da stehen die beiden und grölen vor meiner Tür herum, während alle anderen Eltern und mittlerweile auch ein Kollege verdattert in unsere Richtung starren.

Herr Enders ruft: »Waaas? Und was war mit den Stiften vor zwei Wochen?«

»Welche Stifte?«, fragt Frau Zimmermann.

»Ja, ja. Das wissen Sie nicht. Weil Ihr Sohn daheim nämlich nichts erzählt!«

»MEIN Sohn spricht sehr wohl mit mir! Das muss ich mir doch nicht sagen lassen! MEIN Sohn und ich haben ein gutes Verhältnis! Packen Sie sich mal an den eigenen Kopf!«

Sie meinte natürlich Nase.

»An den Kopf fassen müssen höchstens Sie sich!« Herr Enders beginnt, Frau Zimmermann nachzuäffen, indem er die Stimme einige Oktaven nach oben schraubt: »Matthias will seine Karten! Matthias will sein Brot! Matthias redet mit mir! Matthias ...«

Ich unterbreche ihn: »Jetzt beruhigen Sie sich! Es ist doch keine Lösung, sich hier gegenseitig anzuschreien.«

Frau Zimmermann funkelt mich an. »Was würden Sie denn tun bei so viel Ignoranz? Mir bleibt ja nichts anderes übrig!«

»Sie haben sie ja nicht mehr alle!«, ruft Herr Enders. »Ich will Jans Stifte zurück. Von Ihnen! Dann bekommen Sie Ihr Kartenspiel!«

Frau Zimmermann guckt, als wäre sie kurz davor, ein Messer zu ziehen.

Ich nutze den Moment und versuche es noch einmal: »So bringt das nichts. Ich schlage vor, Sie ...«

Wieder nichts, denn Frau Zimmermann übertönt mich, was nicht so schwer ist, weil ich nicht lauter gesprochen habe als nötig. »Schlagen Sie doch vor, was Sie wollen!

Alles sinnlos! Ich will, dass mein Sohn sein Recht bekommt!«

Vielleicht sollte sie lieber sagen, dass sie will, dass sie ihr Recht bekommt.

»Matthias hat nichts falsch gemacht, und Jan muss bezahlen, was er kaputt gemacht hat!«

Herr Enders ruft: »Sie kriegen Ihr Kartenspiel! Aber ich will die Stifte!«

»Was wollen Sie immer mit Ihren Stiften?«

»Ich will die Stifte zurück, die Matthias zerbrochen hat!«

Frau Zimmermann lacht auf: »Ha! Das ist doch wohl die Höhe! Matthias macht so was nicht! Nie im Leben! Sie bekommen von mir gar nichts!«

»Dann können Sie sich Ihr Kartenspiel sonst wo hinstecken!«

Ich wäre dafür, dass man an Elternsprechtagen eine Security-Firma beauftragt, die in den Fluren patrouilliert und störende Elemente entfernt.

»Das wollen wir doch mal sehen!«, schreit Frau Zimmermann.

Meine nächste Mutter schleicht sich gerade an und weiß nicht so genau, ob sie es wagen soll, sich uns noch weiter zu nähern. Ich lächele sie an und sage: »Da kommt mein nächster Termin. Würden Sie beide sich bitte mäßigen oder auf die Straße gehen, um weiter zu streiten? Hier ist schließlich Elternsprechtag.«

Ich durfte ausreden. Sehr gut.

»Hallo, Frau Berenz, kommen Sie rein«, sage ich noch, damit die nahende Mutter sich traut.

»Und was ist mit meinem Termin?«, fragt Herr Enders.

»Ha!«, ruft Frau Zimmermann.

Ich sage: »Schauen Sie doch später noch einmal vorbei. Gegen 16 Uhr habe ich eine Lücke, da können Sie kommen. Jetzt haben wir bereits 14:20 Uhr, das ist Frau Berenz' Termin.«

»Und das ist auch Ihre Schuld!«, brüllt Herr Enders zu Frau Zimmermann.

»Mit Ihnen gebe ich mich nicht mehr ab! Ich will das Kartenspiel! Und wenn nicht, zeige ich Sie an!«

Eltern drohen gerne damit, jemanden anzuzeigen. Nur sind es in den meisten Fällen Lehrer, die diese Drohungen betreffen. Wenn es wirklich zu all diesen Anzeigen käme, würden unsere Juristen sich nur noch mit so wichtigen Dingen wie Kartenspielen und Stiften oder Zusatzaufgaben beschäftigen. Wäre das nicht schön? Schade, dass es meistens nur bei den Drohgebärden bleibt.

Frau Zimmermann könnte es aber wirklich ernst meinen. Jetzt dreht sie sich um und stampft von dannen. Herr Enders führt derweil den Zeigefinger zu seinem Kopf und tippt einige Male fest dagegen. Zum Glück sieht Frau Zimmermann ihn dabei nicht. Ich bin mir sicher, sie wäre zurückgekommen.

Diese Szene ist nun bereits zwei Jahre her. Die beiden Jungs verstanden sich übrigens bereits nach zwei Wochen wieder gut und redeten nicht mehr über dieses Kartenspiel. Ihre Eltern sprechen bis heute nicht miteinander.

Hello Kitty

Kinder sind weit weniger nachtragend als ihre Eltern. Das zeigt sich immer wieder, auch im nächsten Fall, in dem es um eine kleine, hässliche, rosa Katzenpuppe geht.

Ich bin mit meiner fünften Klasse auf Wandertag. Weil der Sommer noch nicht vorüber ist, haben wir uns ins Schwimmbad begeben. Dort gibt es einen kleinen Kiosk, der unter anderem einige Schlüsselanhänger im Sortiment hat. Viele Mädchen meiner Klasse sind gerade auf dem *Hello-Kitty*-Trip, und man kann nur hoffen, dass sie davon irgendwann wieder runterkommen. Manche Menschen verschandeln ihre Wohnungen und manchmal sogar ihre Kleidung ja noch im Erwachsenenalter mit diesen entsetzlichen Figuren. Jedenfalls gibt es am Schwimmbadkiosk auch *Hello-Kitty*-Anhänger zu erstehen, sodass sich bestimmt zehn Mädchen vor dem kleinen Laden drängeln und freudig ihr mitgebrachtes Taschengeld investieren.

Einige Zeit später kommt Sarah zu mir. »Frau Pause! Mein Schlüsselanhänger ist weg!«

Ich frage sie alle möglichen Orte ab, an denen sie ihren Anhänger hätte lassen können, die anderen suchen mit, aber er ist unauffindbar. Die Mädchen beschäftigen sich ewig mit der Suche. Nachmittags verlassen wir das Schwimmbad ohne Erfolg.

Als ich am nächsten Tag gerade meine Stunde in meiner Klasse beende und meine sieben Sachen zusammenpacke, ruft auf einmal Viktoria: »Hier ist er!« Dabei zeigt sie auf Janas Rucksack, der offen steht, und sieht mich an.

»Wer ist da?«

»Sarahs Anhänger!«

Jana ist gerade auf der Toilette.

»Hast du in Janas Sachen gewühlt?«, frage ich Viktoria und will schon losschimpfen. Aber sie antwortet: »Nein! Der Rucksack war offen!«

Ich trete zu ihr und sehe mir die Bescherung an, Sarah auch. Ich frage: »Bist du dir sicher, dass das nicht Janas Anhänger ist?«

»Ja«, sagt Sarah, »sie hat sich gar keinen gekauft. Nur ich habe so einen mit Grün.«

Die anderen nicken. Als Jana zurückkommt, konfrontiere ich sie mit der Situation. Jana sagt zuerst gar nichts, beginnt dann aber zu weinen. Die anderen Mädchen sehen sie wütend an.

»Ich wollte auch so gerne einen *Hello-Kitty*-Anhänger, aber ich hatte kein Geld«, schluchzt sie herzzerreißend. Man hat Mühe, sie zu verstehen, so sehr weint sie.

Ich frage: »Warum hast du denn nicht gefragt, ob dir jemand etwas leihen kann?«

Sie schüttelt den Kopf. »Das wollte ich irgendwie nicht.«

Geschlagene fünf Minuten heult Jana wie ein Schlosshund. Dann greift sie in ihren Rucksack, holt den hässlichen Schlüsselanhänger heraus und drückt ihn Sarah in die Hand. »Es tut mir leid.«

Sarah nickt. »Ist gut«, sagt sie.

»Das gibt einen Klassenbucheintrag, und ich muss mit deinen Eltern telefonieren. Das nächste Mal fragst du, ob dir jemand aushelfen kann, Jana. Und wenn ich noch einmal so etwas erlebe, ist hier was los. Hast du mich verstanden?«

Ich versuche, so streng wie möglich zu klingen, und Jana beginnt sofort wieder zu schluchzen. »Es tut mir leid. Entschuldigung.«

Ich nicke kurz und verlasse den Raum. In der fünften Klasse lassen die Schüler sich noch von Klassenbucheinträgen beeindrucken, später nicht mehr. Da es Jana wirklich leidtut, informiere ich in der Pause ihre Eltern und lasse es dabei bewenden. Wahrscheinlich hat sie sich diese doofe Katze im Affekt gegriffen. Ich glaube nicht, dass sie kleptomanisch veranlagt ist und eine Wiederholungstat droht.

Einen Tag später ist keines der Mädchen mehr sauer auf Jana. Sie hat Sarah zu Hause als Entschuldigung sogar ein Bild von der scheußlichen Katze gemalt, das jetzt hinten an der Wand hängt, wo ich leider immer draufgucken muss. Außerdem hat Janas Mutter einen kleinen Kuchen für Sarah gebacken, den diese mit Begeisterung verspeist. In der Pause kommt Sarah zu mir und überreicht mir einen fest verschlossenen Brief.

»Von wem ist der?«

»Von meiner Mutter. Ich weiß nicht, was die will.«

Ich ahne nichts Gutes. Trotzdem muss ich den Brief öffnen und beginne zu lesen:

Hallo Frau Pause,

Sarah hat mir gestern erzählt, dass sie im Schwimmbad von Jana bestohlen wurde. Wie Sie sich denken können, habe ich mich über dieses Verhalten sehr geärgert. Sarah hat ihren Schlüsselanhänger zwar zurück, aber ich möchte, dass Jana für ihre Tat bestraft wird. Ich schicke meine Tochter guten Gewissens in die Schule und ins Leben, weil ich dafür gesorgt habe, dass sie sich anständig verhält und den Besitz anderer Menschen respektiert. Es kann nicht sein, dass sie bestohlen wird, ohne dass dies Folgen für den Täter hat. Niemals würde Sarah einem anderen Menschen Schaden zufügen, und ich wehre mich dagegen, dass meiner Tochter Schaden zugefügt wird. Den Schlüsselanhänger zurückzugeben, reicht nicht aus, denn die traumatische Erfahrung bleibt. Sarah ist ein großzügiges Mädchen, das keiner Fliege etwas zuleide tun kann. Sie ist sensibel und wird sicher noch lange damit zu kämpfen haben, bestohlen worden zu sein. Ich bitte Sie, Jana entsprechend zu bestrafen, damit Sarah sieht, dass es honoriert wird, dass sie sich immer gut verhält. Außerdem hätte ich gerne die Kontaktdaten von Janas Eltern.

   Vielen Dank für Ihre Mühe.
Mit freundlichen Grüßen,
P. Rummel

Frau Rummel will die harte Tour. Gut. Morgen werde ich Jana in unserer Klasse fesseln und knebeln, und Sarah gebe ich ordentliches Handwerkszeug, damit sie Jana vor versammelter Mannschaft auspeitschen kann. Ach, nein, geht ja nicht. Sarah ist schließlich bestens erzogen, die weiß, dass man das nicht darf. Also werde ich ranmüssen, damit Frau Rummel zufrieden ist. Am besten verkleide ich mich dabei als riesige *Hello-Kitty*-Puppe. Da bleibt der Zusammenhang wenigstens gewahrt, und ich selbst kann mir nichts Gruseligeres vorstellen.

Aber leider bin auch ich gut erzogen und weiß, wann Schluss ist – beispielsweise dann, wenn ein Mädchen einen Fehler gemacht hat, ihn bereut und sich selbst deshalb furchtbar schlecht fühlt. Ich gebe nicht noch einen drauf, wenn es nicht nötig ist. Jana hat schließlich niemanden getötet und ist fürwahr ein nettes Mädchen. Da ich heute keine Lust habe, mit Frau Rummel zu telefonieren, schreibe ich ihr zurück:

Liebe Frau Rummel,
zunächst möchte ich Ihnen versichern, dass
dieser Vorfall nicht einfach hingenommen wurde.
Darüber brauchen Sie sich keine Sorgen machen.
Allen ist bewusst, dass Janas Verhalten nicht
richtig war. Sie hat dafür einen Eintrag ins Klassen-
buch erhalten, der ihre Verhaltensbeurteilung
verschlechtern wird. Zudem habe ich bereits mit
Janas Eltern telefoniert, die sich sicher bereits

mit ihrer Tochter auseinandergesetzt haben.
Da Jana ihren Fehler einsieht und ihr Verhalten
ehrlich bereut, halte ich weitere Schritte nicht für
sinnvoll. Ich werde Janas Eltern aber gerne Ihre
Telefonnummer mitteilen mit der Bitte, sich bei
Ihnen zu melden.
Mit freundlichen Grüßen,
W. Pause

Ich rechnete mit weiteren Beschwerden und Einwänden von Frau Rummel, aber mit diesem Brief war ich tatsächlich raus aus der Sache. Warum? Weil Janas Eltern sich bei Frau Rummel gemeldet haben, sodass sie ihre Wut an ihnen abließ. Das weiß ich, weil Janas Mutter mir davon erzählte. Sie entschuldigten sich mehrfach bei Frau Rummel, aber diese gab erst Ruhe, als Sarah von Jana ein weiteres *Hello-Kitty*-Utensil geschenkt bekommen hat: einen furchtbaren Halter für Stifte, den sie sich schon lange wünschte. Und das, obwohl Sarah und Jana schon längst wieder völlig normal miteinander sprachen und spielten. Frau Rummel hat mich bei unseren nächsten Aufeinandertreffen noch öfter an diese Geschichte erinnert, immer mit den Worten: »Also Sarah wäre zu so etwas nie fähig gewesen!« Wenn sie meint ... Ich warte lieber ab, was da kommt.

Und noch ein Diebstahl

Jana ist nicht die einzige Schülerin, die ihre Finger in die Sachen anderer gesteckt hat. Es ist selten, aber es kommt vor, dass Schüler etwas klauen, das sie gerne haben möchten.

Hendrik Schmidt klaute Funda Kalk, beide aus einer neunten Klasse, während der Sportstunde ihre Handyhülle aus ihrer Jacke, die im Gang zu den Umkleiden lag. Diese Handyhülle war zwar auch hässlich, aber nicht so hässlich wie der *Hello-Kitty*-Kram. Ich frage mich immer, warum die Schüler nicht etwas Hübsches klauen. Für das lumpige Zeug, das sie sich auf so unschöne Weise beschaffen, lohnt sich der ganze Akt doch nicht einmal, wenn er nicht auffliegt. Aber das ist ein anderes Thema. Funda vermisste ihre Hülle natürlich sofort, und weil Hendrik von Schülern aus einer anderen Klasse beobachtet worden war, konnte er bereits am nächsten Tag überführt werden. Dumm gelaufen. Nach einigem Hin und Her war er geständig, hatte sein Diebesgut aber nicht dabei. Er sollte Funda die Hülle am nächsten Tag mitbringen, die Klassenkonferenz würde die weiteren Konsequenzen für Hendrik beschließen. All dies hatte mir Hendriks und Fundas Klassenlehrer erzählt, bevor ich am nächsten Morgen in der ersten Stunde zum Geschichtsunterricht in dieser Klasse antrat.

Die Schüler sind bereits in der Klasse, als ich komme, nur Hendrik steht davor, zusammen mit einem Herrn, der höchstwahrscheinlich Hendriks Vater sein muss.

»Guten Morgen«, sage ich.

»Guten Morgen«, antwortet der Herr. Sein Gesichtsausdruck lässt darauf schließen, dass er keineswegs guter Laune ist.

»Sind Sie die Lehrerin?«

Nein, ich bin Peter Lustig. Ich habe mich heute nur nicht kostümiert. »Ja, Pause ist mein Name.« Ich gebe ihm die Hand. »Und Sie sind Hendriks Vater?«

»Kann man wohl sagen.«

Was soll das denn heißen? Ist er sich unsicher?

»Hier habe ich die Hülle, die mein Sohn gestohlen haben soll.«

»Ich habe davon gehört.«

»Das kann ich mir vorstellen, wie Sie im Lehrerzimmer über Hendrik hergezogen haben.«

Hendrik wird rot. »Papa ...«

»Sei still und lass mich reden.«

»Wir haben sicher nicht über Hendrik hergezogen.«

»Erzählen Sie mir doch nichts, Frau Pause.«

Dann eben nicht. Er redet weiter: »Wir haben genug Geld. Mein Sohn hat es nicht nötig, klauen zu gehen. Er kann das nicht gewesen sein.«

Hendriks Gesichtsfarbe wird knalliger. Ich sehe Hendrik an.

»Und wo soll diese Hülle dann herkommen?«, frage ich.

»Er hat sie gefunden! Hendrik klaut nicht. Ich verdiene so viel, dass ich meinem Sohn jeden Wunsch erfüllen könnte, wenn ich wollte. Wieso sollte er sich da für so ein schäbiges Ding interessieren?« Herr Schmidt funkelt seinen Sohn an. Der weiß nicht, wen er ansehen soll.

»Jetzt verteidige dich doch mal!«, raunzt der Vater.

Hendrik guckt zögerlich hoch. »Ich habe nicht geklaut«, sagt er zaghaft.

Herr Schmidt rollt mit den Augen. »So geht das nicht! Zu mir hast du doch auch gesagt, dass du dir nichts hast zuschulden kommen lassen. Tritt doch auch dafür ein! Man kann dir schließlich nichts ankreiden, was du nicht getan hast!«

Hendrik zeigt keine Reaktion. Dafür mische ich mich wieder ein: »Soweit ich weiß, hat Funda ihre Hülle nach der Sportstunde vermisst und Hendrik wurde gesehen, als er an Fundas Jacke war. Er hat es ja auch zugegeben. Und die Hülle ist auch da.«

Ich zeige auf die Hülle und schaue wieder zu Hendrik. Herr Schmidt auch. »Jetzt sag doch, was du mir erzählt hast!«

Hendrik spricht ganz leise: »Ich war zwar bei Fundas Jacke, aber ich habe da nur reingeguckt, weil ich sie mit meiner verwechselt habe. Die Hülle habe ich gefunden.«

Wer's glaubt, wird selig, zumal Fundas Jacke, deren Trägerin klein und zierlich ist, schwerlich mit der von einem großen, breiten Kerl wie Hendrik verwechselt werden kann.

»Wo willst du die Hülle denn gefunden haben?«, frage ich Hendrik.

»Am Bus.«

»Und wieso gibst du dann zu, Fundas Hülle genommen zu haben?«

Lassen Sie mich die Antwort selbst geben: weil er sie genommen hat. Vor seinen Eltern ist ihm das aber sehr peinlich, vielleicht hat er auch Angst vor seinem Vater, wer weiß? Deshalb denkt er sich auf dem Weg nach Hause diese bescheuerte Geschichte für daheim aus. Seine Eltern, zumindest sein Vater, wollen ihm glauben, denn das eigene Kind klaut nicht. Niemals! Schmidts schwimmen in Geld! Außerdem sind sie ordentliche Leute!

Hendrik flüstert: »Weiß ich nicht.«

Inzwischen ist er so rot geworden, dass man Angst vor der baldigen Explosion seines Kopfes haben muss. Ich sollte mich nach einem Schutzhelm umsehen.

»Aber ich weiß es«, schaltet sich Herr Schmidt wieder ein. »Hier wurde so viel Druck gemacht, dass Hendrik schließlich ein falsches Geständnis abgelegt hat. Kennen Sie das nicht?«

Doch, das kenne ich. So etwas passiert unter psychischer und körperlicher Folter, nicht aber, wenn der Klassenlehrer mehrmals nachfragt. »Hier wurde sicher nicht so viel Druck ausgeübt, Herr Schmidt. Hendrik hat meines Wissens nach gestern auch überhaupt nicht erwähnt, dass er die Hülle gefunden hat, oder?«

Hendrik verneint, sein Vater blickt ihn einige Sekunden lang stumm an. Dann flippt er aus: »Lass dich hier doch nicht so vorführen! Du klaust nicht! So haben wir dich nicht erzogen! Du hast doch alles! Nie im Leben hast du dieses Ding angefasst!«

Glücklicherweise steht plötzlich der Klassenlehrer neben mir. Ich habe ihn gar nicht kommen sehen, weil ich so fasziniert von Herrn Schmidts Vorstellung war.

»Hallo! Ich wollte mich vergewissern, ob Funda ihre Handyhülle wieder hat. Gibt es ein Problem?«

»Allerdings!«, motzt Herr Schmidt.

Da der Klassenlehrer eine Freistunde hat, nimmt er Herrn Schmidt mit in einen anderen Raum, wo sie sich unterhalten können. Hendrik muss jetzt mit in den leicht verspäteten Unterricht, wird aber mitten in der Stunde zu den beiden zitiert. Als ich nach der ersten Stunde die Klassenzimmertür öffne, weil ich die Klasse wechseln will, treffe ich die drei wieder vor der Tür an. Der Klassenlehrer redet auf Herrn Schmidt ein: »Jetzt beruhigen Sie sich doch.«

»Wie soll man hier denn ruhig bleiben? Erzählen Sie mir das! Ihr Sohn ist schließlich kein Dieb!«

Aha. Jetzt glaubt er doch nicht mehr an Hendriks Fantasien. Die Wahrheit ist natürlich schlimm für ihn: Sein Sohn hat Schande über den Vater gebracht – wo er doch so viel verdient.

»Wo ist sie?«, fragt Herr Schmidt Hendrik.

Hendrik zeigt auf Funda, die verschlafen in der zweiten Reihe sitzt. Herr Schmidt rumpelt zu ihrem Tisch und knallt die Handyhülle vor sie. »Hier. Ich entschuldige mich für meinen Sohn.«

Funda sagt: »Danke.«

Herr Schmidt setzt noch etwas hinzu: »Wenn du Hendrik nicht in Ruhe lässt, kannst du mich kennenlernen!«

»Hä?« Funda guckt ziemlich komisch. Ich wahrscheinlich auch. Aber Herr Schmidt fühlt sich nicht genötigt, sich weiter zu erklären, und rauscht hinaus, ohne sich von irgendwem zu verabschieden.

Der Klassenlehrer erzählte mir, dass Herr Schmidt sich im Gespräch noch längere Zeit standhaft geweigert hat, zu glauben, dass sein Sohn die Hülle genommen hatte. Als

Hendrik dann wieder dazukam, war ihm das Benehmen seines Vaters wohl irgendwann so peinlich, dass er umschwenkte und sein Geständnis vor Herrn Schmidt wiederholte. Er musste richtige Überzeugungsarbeit leisten, damit sein Vater nicht mehr auf der Lügengeschichte seines Sohnes beharrte. Als Herr Schmidt keinen anderen Ausweg sah, versuchte er, Hendriks Verhalten wenigstens zu rechtfertigen: Funda habe ihn provoziert! Wie, weiß eigentlich keiner, am wenigsten Hendrik. Der klaut jedoch bestimmt nicht mehr. Es wäre ihm viel zu peinlich, wenn sein Vater noch einmal einen solchen Auftritt hinlegen würde.

Hier raucht keiner!

Ich habe Ihnen bereits eine Geschichte übers Rauchen erzählt, ein immer wiederkehrender Stein des Anstoßes. Die folgende Geschichte ist aber noch wesentlich absurder.

Ich habe Pausenaufsicht und nähere mich mal wieder der Raucherecke, gut sichtbar, langsam und gemächlich, aber Patrice ist nicht schnell genug. Er hält die halbe Zigarette noch in der Hand, als ich vor ihm stehe, aus seinem Mund qualmt es. Also geht es ins Schulsekretariat, wo der Schüler kurz die Schulleitung besucht, die den entsprechenden Tadel ausfüllt und zum Schüler nach Hause schickt. Patrice probt dort einen kleinen Aufstand, denn er fühlt sich ungerecht behandelt: »Die anderen haben auch geraucht!«, »Ich habe die Kippe nur festgehalten!«, »Ich rauche eigentlich gar nicht, da können Sie jeden fragen!«,

»Ich kriege jetzt riesigen Ärger daheim, obwohl ich gar nichts gemacht habe!«, »Nur wegen Ihnen!«

All das kenne ich und lasse mich davon so was von überhaupt nicht beeindrucken. Erst als er beginnt, mir mit seinem Geplapper ziemlich auf die Nerven zu fallen, reagiere ich:

»Meinetwegen passiert hier gar nichts, Patrice. Du hast deutlich sichtbar geraucht und weißt, was los ist, wenn du erwischt wirst. Das war deine Entscheidung, nicht meine. Und jetzt will ich von dir nichts mehr darüber hören.«

Patrice gibt sich geschlagen, weil er weiß, dass er nichts mehr retten kann. Er grummelt nur noch ein wenig vor sich hin und geht dann sichtlich unzufrieden in den Unterricht.

Am nächsten Morgen liegt ein Zettel in meinem Fach, auf dem steht, dass ich mich bei Mirbachs, Patrices Eltern, melden soll. Nach der Schule rufe ich an.

»Mirbach?«

»Hallo, hier ist Pause. Sie haben gebeten, dass ich Sie anrufe?«

»Ja, gut, dass Sie sich melden.« Ich spreche mit Patrices Vater.

»Ich gehe davon aus, dass es um das Rauchen geht«, sage ich.

»Ja, genau. Patrice hat nämlich nicht geraucht.«

»Wie kommen Sie darauf?«

»Er hat es uns gesagt.«

Interessant. »Ich habe ihn aber dabei erwischt und deutlich gesehen, dass er geraucht hat, Herr Mirbach.«

»Wir glauben unserem Sohn. Patrice raucht nicht.«

»Ich habe ihn, wie gesagt, dabei gesehen.« Das Wort *gesehen* ziehe ich stark in die Länge, um meinen Worten mehr Gewicht zu verleihen.

»Das kann ja gar nicht sein, wenn er nicht raucht.«

»Eben«, sage ich.

»Frau Pause, Sie müssen sich geirrt haben.«

»Nein, ich habe Patrice deutlich mit Zigarette in der Hand *gesehen*, und dabei kam Rauch aus *seinem* Mund.«

»Er hat die Zigarette nur für seinen Freund Alex festgehalten, Frau Pause. Dass etwas aus seinem Mund kam, kann also nicht sein.«

Ja, ich denke, das bilde ich mir ein. »Das war aber leider so, Herr Mirbach.«

Ich führe mit ihm das Gespräch, das ich mit Patrice gestern im Sekretariat nicht geführt habe. Super. Gleich sage ich Herrn Mirbach, er soll jetzt still sein und in den Unterricht verschwinden.

»Soll ich Ihnen mehr glauben als meinem eigenen Sohn?«

»In diesem Fall vielleicht schon.«

Er lacht etwas hämisch. »Ich weiß, dass Patrice nie rauchen würde. Er weiß, wie schädlich das ist.«

Das ist ein Argument! Es rauchen ja auch nur die Leute, die nicht wissen, dass Rauchen schädlich ist. Alle Raucher denken, sie tun ihrem Körper etwas Gutes damit. So sieht's aus.

»Ich gehe davon aus, dass alle Schüler wissen, dass Rauchen schlecht für die Gesundheit ist. Das hindert die Raucher aber nicht daran, trotzdem zu rauchen. Sonst hätten wir ja eine Welt voller Nichtraucher, oder?«

»Kann sein«, sagt Herr Mirbach. »Auf Patrice trifft das aber nicht zu. Er hat nicht geraucht, raucht generell nicht und wird auch niemals damit anfangen!«

Es ist bewundernswert, wie sicher er sich bei seiner Prognose ist. Vielleicht arbeitet er als Meteorologe? Obwohl – dann müsste er mit Wahrscheinlichkeiten umgehen. Pfarrer wäre passender, denn er glaubt.

»Was ist denn eigentlich Ihr konkretes Anliegen, Herr Mirbach? Wir können uns ja jetzt nicht ewig darüber unterhalten, ob Patrice raucht oder nicht.«

»Das stimmt.«

Wenigstens das.

»Patrice hat mir erzählt, dass er einen Tadel bekommen hat. Den werden wir ja sicher heute oder morgen im Briefkasten finden.«

»Damit ist zu rechnen.«

»Wir werden diesen Tadel nicht unterschreiben, und ich verlange außerdem, dass er zurückgenommen wird.«

Was soll ich denn jetzt bitte tun? Am besten sage ich, dass ich mich geirrt habe, wohl nicht richtig sehen kann. Dem, was Patrice behauptet, ist nämlich bedingungslos zu glauben. Also nehme ich den Tadel zurück und die Schuld auf mich. Ich habe nämlich einen großen Fehler gemacht und den lieben Patrice zu Unrecht beschuldigt.

»Herr Mirbach, ich kann keinen Tadel zurücknehmen, wenn ich Patrice beim Rauchen erwischt habe. Wenn er nicht raucht, soll er sich demnächst aus dieser Ecke fernhalten und auch keine Zigarette in der Hand halten, dann kann ihm so etwas nicht mehr passieren. Wenn Sie sich so sicher sind, dass Ihr Sohn nicht raucht, brauchen Sie diesen Tadel ja nicht ernst zu nehmen. Hier geht es ja vor allem darum, die Eltern zu informieren, und informiert sind Sie ja.«

Ich würde mich ja lächerlich machen, wenn ich Mirbachs jetzt nachgeben würde. Keinen Schüler könnte man mehr belangen, sie hätten immer nur Zigaretten für imaginäre Freunde festgehalten. Nicht, dass ich eine große Sache aus dem Rauchen machen will, aber solche Eltern zwingen mich dazu. Ich halte mich lediglich an die Regeln.

»Wenn Sie nicht gewillt sind, Patrice gerecht zu behandeln, müssen wir uns an die Schulleitung wenden.«

Ich behandele Patrice gerecht, wie alle anderen nämlich, die ich dummerweise erwische. »Es tut mir leid, aber ich muss Patrice tadeln. Das passiert anderen Schülern auch, wenn sie in so einer Situation gesehen werden. Ich kann Sie natürlich nicht daran hindern, sich an die Schulleitung zu wenden. Wenn Sie das für nötig halten, dann machen Sie das.«

»Damit können Sie rechnen, da Sie uns nicht entgegenkommen. Auf Wiederhören, Frau Pause.«

»Auf Wiederhören.«

Soll er sich beschweren. Die Schulleitung weiß sowieso Bescheid, er hat dort ja wie alle erwischten Raucher einen kleinen Vortrag gehalten bekommen. Das wird immer so gemacht. Ich warte einfach ab.

Bereits am nächsten Morgen hat Herr Mirbach sich beschwert – natürlich ohne Erfolg. Er frage sich, sagte er, was das für eine Schule sei, wo den Kindern nicht geglaubt werde. Ich jedoch frage mich, was das für Eltern sind, die ihren Kindern jede noch so dahergesponnene Geschichte glauben. Moment. Eigentlich brauche ich mich das nicht zu fragen, denn ich meine, es zu wissen.

Einige küchenpsychologische Betrachtungen zum Abschluss

Lassen Sie mich einfach mal ein paar Überlegungen anstellen: Warum glauben Eltern, dass Lehrer nichts können und nichts wissen, ständig Fehler machen, aber für alles zuständig sein sollen?

Meiner Einschätzung nach sind diese Eltern zu faul, ihre Kinder selbst zu erziehen oder sich um ihre schulischen Leistungen zu kümmern. Wir Lehrer sind für alles zuständig. Ich habe zu diesem Thema noch einige Geschichten auf Lager, die ich hier nicht erzählt habe, weil sie in keiner Weise komisch, sondern einfach nur traurig sind. Teilweise müssen Eltern ihre Kinder dem Jugendamt überlassen, weil sie sie komplett vernachlässigen. Aber auch die Anekdoten in diesem Buch zeigen, dass es den Eltern nicht darum geht, die Rechte ihrer Kinder einzufordern, auch wenn sie dies behaupten. Sie wollen vielmehr, dass wir die Erziehungsarbeit übernehmen und in jedem Fall für gute Noten sorgen, ohne dass zu Hause etwas dafür getan werden muss. Am besten, wir versorgen die Kinder rundum – aber wehe, diese Versorgung wird den hehren Vorstellungen der Eltern nicht gerecht. Dann wird sich aber beschwert! Bis zu dem Punkt, an dem das Sich-Beschweren beginnt, in Arbeit auszuarten.

Und die Eltern, die Dienstmädchen für das eigene Kind spielen? Vordergründig scheinen sie die Elternschaft als Aufopferung zu verstehen. Das ist doch toll, könnte man denken. Im Gegensatz zu den anderen tun diese Eltern etwas, und zwar nicht wenig! Falsch. Auch diese Eltern lieben es bequem. Indem sie ihr Kind herumkutschieren, ihm alles hinterhertragen und es nach Strich und Faden verwöhnen, vermeiden sie Diskussionen. Die wären viel unbequemer als eine kurze Autofahrt oder einen Nachmittag lang Radieschen schälen. Wie Sie gelesen haben, geben manche Eltern sogar zu, keine Lust auf Streit mit dem Nachwuchs zu haben. Vielleicht beginnt das Verwöhnen tatsächlich, weil man dem Kind etwas Gutes tun will. Doch indem man sich zum Dienstmädchen entwickelt, gibt man die Zügel der Erziehung aus der Hand, und irgendwann wird es dann zu anstrengend, konsequent zu sein. Auch dieses Verhalten entspringt also letztendlich der Faulheit.

Eltern, die glauben, ihr Kind sei ein Engel, sind zuerst einmal von sich selbst überzeugt. Sie glauben, einen kleinen, perfekten Menschen geschaffen zu haben, der sich überall zu benehmen weiß und keiner Fliege etwas zuleide tun kann. Darauf beharren sie, ganz egal, wie sehr die Beweise gegen das eigene Kind sprechen. Warum? Auch diese Eltern sind in gewisser Weise faul. Wenn man darauf pocht, das eigene Kind habe keine Fehler, braucht man sich um etwaige Unzulänglichkeiten auch nicht zu kümmern. Im Gegenteil: Man ist ja selbst ein Halbgott, wenn man solch ein Kind zustande gebracht hat.

Die Forderung, dass das eigene Kind in der Schule mehr beachtet wird, ist der Vorstellung, die Schule sei für alles zuständig, sehr ähnlich. Wenn wir nicht springen und das Kind hofieren, ist Schluss mit lustig. Und wenn die elterlichen Beschwerden nicht fruchten, dann muss das Kind halt die Schule wechseln. Manchmal bekommt ein Schüler genau die Aufmerksamkeit, die die Eltern von der Schule fordern, zu Hause eben nicht. Wieder Faulheit.

Und wenn Eltern mir ellenlange Gruselgeschichten aus ihrem Privatleben erzählen, dann doch meist, weil sie Schwierigkeiten mit ihrem Kind haben, wie zum Beispiel Noahs Mutter. Sie selbst hat keine Zeit für ihr Kind, schiebt jedoch die Schuld auf ihren Exmann, der in jeder Hinsicht ein unzulänglicher Kerl ist. Alle Eltern, die mir von ihren Problemen erzählen, betonen zugleich, wie sehr sie sich für ihr Kind aufopfern – wenn auch auf absurde Weise. Warum wohl? Sie können sich aus diversen Gründen (nicht immer Faulheit, aber oft) tatsächlich nicht genug ihrem Kind widmen und haben deshalb ein schlechtes Gewissen.

Ein bisschen anders liegen die Dinge bei den Eltern, die glauben, ihr Kind erfahre zu wenig Beachtung, weil es zum Beispiel hochbegabt ist, weil ich ihm nicht die Klassenarbeit schreibe oder weil es zu schlechte Noten bekommt. Diese Eltern sind vorrangig davon überzeugt, dass ich meinen Job nicht richtig mache. Genau wie die aus dem ersten Kapitel, die ohnehin an der Kompetenz des Lehrers zweifeln. Ich glaube nicht, dass dieses Denken in einer Abneigung gegen einen individuellen Lehrer begründet liegt. Ich kenne eigentlich keinen Kollegen, dem der Vorwurf der Inkompetenz nicht schon einmal gemacht worden wäre. Frauen werden damit zwar häufiger konfrontiert als Männer – auch heute nicht verwunderlich, wenn man bedenkt, wie zum Beispiel Kevin erzogen wird –, aber auch denen bleiben diese Unterstellungen nicht erspart. Es scheint sich also um eine grundlegende Einstellung zu handeln.

In diesen Geschichten fällt eine Sache auf: Nicht nur der Lehrer ist inkompetent, sondern die jeweiligen Eltern wissen es immer besser. Bei Frau Pracht, der Mutter aus dem Schwimmbad, lief das so: Sie selbst kam in ihrem Lehrerinnenjob nicht klar. Ihre Schwierigkeiten überträgt sie einfach auf den Lehrer ihrer Tochter, von dem sie behauptet, er könne nicht anständig unterrichten. Sie weiß es eben doch tausendmal besser. Das gibt ihr Selbstwertgefühl, ein Gefühl, das sie in ihrer Arbeit nicht bekommen kann.

Angesichts der Heftigkeit mancher Vorwürfe habe ich den Verdacht, dieser Mechanismus trifft in abgewandelter Form auch auf andere Eltern zu: Läuft der eigene Job schlecht, holt man sich die Erfolgserlebnisse eben woanders. Unter anderem muss dann das eigene Kind als Projektionsfläche für die eigenen Wünsche fungieren. Solche Eltern identifizieren sich voll und ganz mit ihrem Nachwuchs. Wenn man gegen den eigenen Chef nicht gewinnt, dann kann man für sein Kind gewinnen, und zwar gegen den Lehrer, denn der Lehrer ist quasi der Chef des Kindes. Fehlen einem bei der eigenen Arbeit die Erfolgserlebnisse – und das kann jede Arbeit sein, auch die einer hauptberuflichen Hausfrau und Mutter oder eines Hausmannes und Vaters –, wirft man dem Lehrer Inkompetenz vor, um sich selbst kompetenter zu fühlen. Inkompetenzkompensations-kompetenz.

Wenn Eltern sich wegen absurder Anlässe gegen die Lehrer durchzusetzen versuchen, kompensieren sie meines Erachtens also die eigene Inkompetenz oder die eigene Erziehungsfaulheit. Aber warum müssen sie das überhaupt? Vor allem faule Eltern könnten den lieben Gott doch einen guten Mann sein und mich einfach machen lassen. Falsch. Das geht nicht, denn selbst faule Eltern identifizieren sich so stark mit ihrem Kind, dass sie sich persönlich angegriffen fühlen, wenn ich es ermahne oder ihm eine schlechte Note gebe. Damit habe ich praktisch die Eltern attackiert. Und wer will sich das schon gerne gefallen lassen?

Dass so viele Eltern heute dazu neigen, sich ganz stark mit ihrem Kind zu identifizieren und alles auf sich selbst zu beziehen, liegt wohl daran, dass das ganze Leben so kompliziert geworden ist. Man soll möglichst alles tun und alles können: aktiv sein, Karriere machen und ein fantastisches Kind großziehen. Diese Erwartungen übersteigen jedoch häufig unsere Fähigkeiten – kein Wunder, wer kann das schon alles auf einmal? Die Probleme des Kindes zu lösen, erscheint in dieser Situation vielen leichter. Man hat noch nicht so viel falsch gemacht, und das Kinderleben lässt sich leichter überschauen als das eigene. Man muss sich ja nur gegen den Lehrer durchsetzen.

Wenn Eltern sich so benehmen, wie hier beschrieben, verschleiert dies deren Schwächen. Die sogenannten Helikoptereltern vertrauen sich selbst nicht, deshalb behüten sie ihre Kinder und behelligen mich mehr als nötig.

Diese Krankheit kann jedoch jeden treffen. Sind wir nicht alle ein bisschen inkompetent und faul? Müssen wir diese Tatsachen nicht alle ein wenig verschleiern? Ich spüre auch schon die Symptome. Morgen gehe ich zum Direktor meines Patenkindes und schreie ihn mal so richtig zusammen, bis es raucht im Karton. Ich denke, dann fühle ich mich sofort besser. Muss ich auch. Morgen um neun Uhr habe ich nämlich ein Elterngespräch.